21世纪技能创新型人才培养系列教材

汽车系列

汽车文化

主　编◎吕秋明　袁　浩
钟红妍　黎清敏
副主编◎梁积伟　岑晓东
谢中杰　梁圣波
邹光裕　李文瀚
袁　韬　刘付敬东

中国人民大学出版社
·北京·

图书在版编目（CIP）数据

汽车文化 / 吕秋明等主编. -- 北京 ：中国人民大学出版社，2022.11

21 世纪技能创新型人才培养系列教材. 汽车系列

ISBN 978-7-300-31163-0

Ⅰ. ①汽… Ⅱ. ①吕… Ⅲ. ①汽车－文化－教材 Ⅳ. ① U46-05

中国版本图书馆 CIP 数据核字（2022）第 200301 号

21 世纪技能创新型人才培养系列教材·汽车系列

汽车文化

主　编　吕秋明　袁　浩　钟红妍　黎清敏

副主编　梁积伟　岑晓东　谢中杰　梁圣波　邹光裕　李文瀚　袁　韬　刘付敬东

Qiche Wenhua

出版发行	中国人民大学出版社		
社　　址	北京中关村大街 31 号	**邮政编码**	100080
电　　话	010－62511242（总编室）		010－62511770（质管部）
	010－82501766（邮购部）		010－62514148（门市部）
	010－62515195（发行公司）		010－62515275（盗版举报）
网　　址	http://www.crup.com.cn		
经　　销	新华书店		
印　　刷	北京七色印务有限公司		
开　　本	787 mm × 1092 mm　1/16	**版　　次**	2022 年 11 月第 1 版
印　　张	12	**印　　次**	2023 年 9 月第 2 次印刷
字　　数	265 000	**定　　价**	42.00 元

前言 PREFACE

党的二十大报告指出，教育、科技、人才是全面建设社会主义现代化国家的基础性、战略性支撑。教育是国之大计、党之大计。职业教育是我国教育体系的重要组成部分，肩负着“为党育人、为国育才”的神圣使命。本教材以习近平新时代中国特色社会主义思想为指导，深入贯彻落实党的二十大精神，将思想道德建设与专业素质培养融为一体，着力培养爱党爱国、敬业奉献，具有工匠精神的高素质技能人才。

进入 21 世纪后，汽车产业的发展有目共睹，各种各样品牌的汽车穿行于大街小巷，有国产汽车、美国产的汽车、日本产的汽车、德国产的汽车等。汽车的品牌、种类繁多，汽车的历史悠久，汽车的技术日新月异，人们生活中时时处处都离不开汽车。

本教材以认识汽车为目的，简单地介绍了汽车的各个方面。在编写过程中，我们充分考虑职业教育的性质、任务和培养目标，力图让教材内容和结构符合职业教育的基本要求以及有关岗位资格和技术学级要求，符合职业教育的特点和规律。本教材具有以下特色：

（1）内容丰富，涵盖汽车的方方面面。

（2）图文并茂，通俗易懂，能够极大地激发学生的学习兴趣。

（3）注重实用性、时效性和可操作性。

（4）属于专业基础课教材，可为以后学习汽车技术奠定基础。

本教材在编写过程中参考了诸多同类教材，在此向相关作者表示感谢。

由于时间仓促，加之编者水平有限，教材中难免存在疏漏之处，恳请广大读者批评指正。

编　者

目录 CONTENTS

模块一

汽车发展史

导读

本模块作为本书的入门内容，将带领读者了解汽车的发明和发展过程，以及各阶段汽车的特点，为读者后续深入学习打好基础。

学习目标

知识目标

1. 了解汽车的发明历史。
2. 了解世界汽车工业的发展。
3. 了解中国汽车发展历史。

能力目标

1. 会分析世界各国汽车发展的特点。
2. 会分析中国汽车发展的特点。
3. 能根据汽车的发展历史来描绘汽车未来的发展前景。

素质目标

1. 能体会汽车发展的速度。
2. 培养学生的团队协作精神。

学习任务一

车的发明

古人运送物品，最初主要靠背负肩扛或手提臂抱。后来人们采用绳拽法，将绳子系在物品上用人力拉拽，但这种运输方法，物体着地面积大，十分费力。为了减少摩擦，人们又利用树枝为架，两叉之间绑以横木，横木不触底，其上载物，即所谓撬载法，但是这种木撬运用于平滑的地面上还比较省力，如遇颠簸不平的路面时，仍很费力。古人进而发明了把圆木垫放在木撬之下，借其滚动而移动木撬。这种圆木与木撬的结合，可以说是车的雏形，装在木撬下的圆木可以视为装在车轴上的最原始的特殊形式的“车轮”，其车轴的直径恰好等于车轮的直径，而且两者是一个整体。这种车轮的出现，是人类在更高阶段对轮子的利用。

但当时在几乎没有道路的荒原上拽这种木橇仍然是很困难的。有一天，狂风大作，有人发现在风的吹动下，圆滑的石头或圆木滚动得比别的东西快。这个自然现象给了人们很大的启示，人们用石斧把圆木截短，并把截下的两个圆木段从中间凿一个圆洞，再在圆洞里穿上一根细一点的木棍把它们连接起来。这样，一种滚轮就被制造成功了，用它拖东西比过去那种木橇又轻快多了，这种滚轮出现于公元前 2000 年左右。但是，用这种装置装运太重的物品时，滚轮就会被压裂，因此后来人们又想到给滚轮套上铜箍或铁箍。最初的车轮和轴是固定的，车与车辕之间有一个滑槽，轴在滑槽中转动，车轮就随着车轴滚动。车轮是一对用圆木砍制而成的没有辐条的圆盘，后来为了不受圆木直径的限制，改用木板拼接，这种圆盘式车轮在古代称作“辁”。这种实心木轮后来得以不断改进，逐步演变为用辐条支撑轮辋的车轮。车轮的演变如图 1－1－1 所示。

图 1－1－1　车轮的演变

相传在 4600 年前，黄帝创造了车。为了纪念黄帝的功绩，后人称他为“轩辕黄帝”。轩，是古人对直木之称；辕，是古人对横木之谓。直木、横木架在轮子上，形成一辆雏形车。传说黄帝与九黎部落首领蚩尤在涿鹿之战中就用到了牲畜拉的“车”（见图 1－1－2）。虽然蚩尤使用的是金属兵器，并能“呼风唤雨”，但在拥有“车”的黄帝面前，还是被杀得大败，丢了性命，从此黄帝统一了华夏。黄帝战蚩尤因此也成为影响中国历史的一件大事。如此说来，中国有车始于近 5000 年前。年代虽已久远，传说亦无从考证，但这依然在一定程度上反映出我们的祖先对车最早的认识——因为神话本身就是一个民族对一些基本问题的回答。

图 1－1－2　传说中黄帝乘坐的车

人类历史上的第一部车是中华民族的祖先发明的。据史料记载，在公元前 2000 多年的夏初大禹时代，有一个叫奚仲的人，他发明的车由两个车轮架起车轴，车轴固定在带辕的车架上，车架附有车厢，用来盛放货物。这就是世界上的第一辆车（见图 1－1－3）。

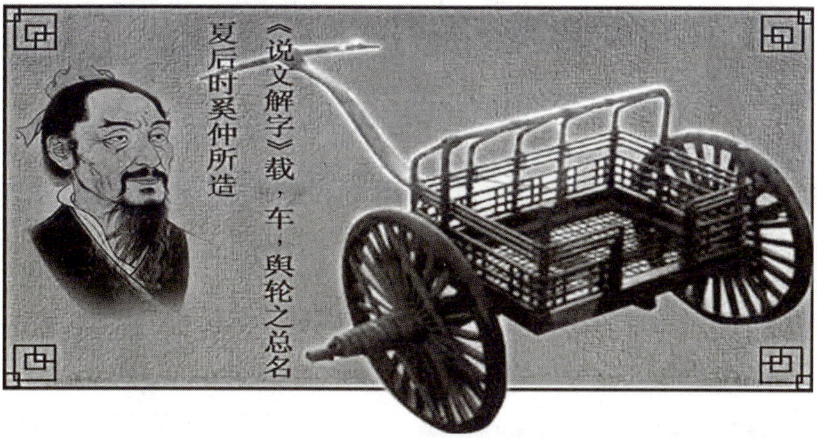

图 1－1－3　奚仲发明的两轮车

最初的车辆都是由人力来推动的，称为人力车。后来人们开始用牛、马拉车，称为畜力车。传说畜力车是商汤的先祖相土和王亥共同发明的。最早的车的实物是在河南安阳殷墟发现的。殷墟先后发现了 18 辆车，由于深埋于地下，年深岁久，出土时木质结构已经全部腐朽，人们对黄土中保留下来的朽木痕迹进行剥剔和清理，经过复原，车的大致结构是独辕，约有 18 根辐条，长方形车厢，一般可坐 2 ～ 3 人，大多数车由 2 匹马驾辕。

公元3世纪时，中国最先发明了记录里程的仪器——记里鼓车（见图1－1－4），可惜其最初的结构已失传，直到宋代才由燕肃重新制造成功。

图1－1－4　记里鼓车

指南车（见图1－1－5）是三国时期马钧所造。这种车是一种由车子和一个小木人构成的指示方向的机械，车中装有可自动离合的齿轮传动装置，并与木人相连，木人有一只手指向前方，不管车辆朝什么方向行走，在自动离合齿轮装置的作用下，木人的手都指向南方，有人称这是现代导航系统的先驱。聪明智慧的中华民族在黄帝造车后的2000年间，不仅将车的作用发扬光大，而且在车的某些细节上，已经开始有了一个更高层次的升华，使后人须仰视方可得见！

记里鼓车和指南车都是利用齿轮传动原理来进行工作的。它们的出现体现了1700多年前中国车辆制造工程技术已达到的高度，是中国古代技术的卓越成就。世界上设想汽车的第一人是我国唐朝天文学家一行（原名张遂，683—727年），他发明“水激铜轮自转之法，加以火蒸气运，名曰汽车”（见图1－1－6），这比西方人所推崇的达·芬奇设想发明汽车的说法早了约800年！

图1－1－5　马均发明的指南车

图1－1－6　张遂发明的“汽车”

现代汉字中的“轩”，其本义是一种有帷幕的车子，供人乘坐（见图 1－1－7），后来则演化为一种有窗槛的长廊或小屋，成为一类建筑的名字。每个字的出现和演化都有其原因和道理，那这个“轩”字是不是昭示着车与建筑在某种程度上有着一定程度的依存呢？是不是那时的中国人对于车的要求已不再是单纯的代步工具，而是对房车最早的理解呢——把建筑用移动的车来承载——这是一种多么充满智慧的浪漫想象！

图 1－1－7 中国古代的轩

著名科学家罗吉尔•培根（Roger Bacon，1214—1294 年）预言：“我们大概能造出比用一群水手使船航行得更快，而且为了操纵这艘船只要一名舵手的机械；我们似乎也可以造出不借用任何畜力就能以惊人的速度奔跑的车辆；进而我们也可以造出用翅膀像鸟儿一样飞翔的那种机械。”这是多么美妙、大胆的预言，轮船、车辆、飞机都想到了。

1420 年，英国人发明了滑轮车（见图 1－1－8）；1465 年，意大利人罗伯特•巴尔丘里奥设计了风力推进车；1600 年，荷兰人西蒙•斯蒂芬发明了双桅风帆车（见图 1－1－9）；1630 年，法国人汉斯•赫丘发明了发条车（见图 1－1－10）。

以上所谓“自动车”的尝试，都因为存在各种问题而失败了，但它们却反映了当时人们对“自行驱动”车辆的追求。

图 1－1－8 滑轮车

图 1－1－9 双桅风帆车

图 1－1－10　发条车

学习任务二

蒸汽机汽车

真正意义上的第一辆汽车，是 1769 年由法国军事工程师尼古拉斯·古诺大尉建造的三轮蒸汽机车（见图 1－2－1）。该车长 7.32m，宽 2.2m，前轮直径 1.28m，后轮直径 1.5m。车架上放置了一口大锅，前进时靠前轮控制方向，每前进 12 ～ 15min 就要停下来 15min，运行速度为 3.5 ～ 3.9km/h，由于操纵困难，在试车途中下坡时撞到了兵工厂的石头墙上，值得纪念的世界上第一辆蒸汽机车就这样成了一堆废铜烂铁。由于这并非是现代意义上的汽车，因此我们称之为蒸汽机车，这是汽车发展史上的第一个里程碑。

图 1－2－1　试车时就撞到墙上的蒸汽机车

经过反复改进，蒸汽机车上已经可以乘坐 4 个人，速度也提高到每小时 9km 了。法国陆军部下令古诺制造更大的蒸汽机车，要求载重 4 580kg。1771 年，一台更大型的蒸汽机车经过改进，已经可以牵引重达 4 ～ 5t 的重物。

在古诺之后，欧洲大陆掀起了研制蒸汽机车的热潮，蒸汽机车的技术水平迅速提高。

英国、法国、德国等国家都开始用蒸汽机车进行运输，并逐渐繁荣起来。到了 19 世纪中期，出现了蒸汽机车与马车并驾齐驱的局面。由于蒸汽机车马力大、运量多，逐渐占了上风。

1801 年，理查德 · 特雷威蒂克制造了英国最早的蒸汽汽车。两年后，他又研制了形状类似公共马车的蒸汽汽车。这辆蒸汽汽车能乘坐 8 人，创造了在平路上时速为 9.6km/h、坡道上时速为 6.4km/h 的世界纪录。

1825 年，英国公爵嘉内制成了第一辆蒸汽公共汽车（见图 1 – 2 – 2）。这辆车的发动机装在车的后部，后轴驱动，前轴转向。它采用了巧妙的转向轴设计，最前面的两个轮并不承重，可由驾驶者利用方向舵柄轻便地转动，然后通过一个车辕，引导前轴转动，使转向可以轻松自如。嘉内利用这辆车开始了世界上最早的公共汽车运营业务，所以这辆车也被认为是世界上最早的公共汽车。

图 1 – 2 – 2　第一辆蒸汽公共汽车

1828 年，哈恩格克制成了比嘉内的汽车性能更好的蒸汽公共汽车，并开始了公共运输事业的企业化。他的车可以承载 22 名乘客，时速 32km/h，运营后很受欢迎。1834 年，世界上最早的公共汽车运输公司——苏格兰蒸汽汽车公司成立。

1805 年，美国人埃文斯首次制造了装有蒸汽发动机的水陆两用汽车。

1928 年，法国人配夸尔制造了一辆蒸汽牵引车。这辆汽车首次采用将发动机置于车的前端，而由后轴驱动的总布置方案。发动机和后轴之间用链条传动。后轴系由两根半轴构成，当中由差速齿轮连接，这就是最早发明的差速器。此外，两个小小的前轮是各自与车架弹性相接的，这称作独立悬挂。这种独立悬挂设计，在当时具有划时代的意义。配夸尔的链条传动、差速器、独立悬挂等设计，对汽车的发展贡献极大，至今仍在汽车上广泛地应用。

蒸汽汽车有很多缺点：运行时需要耗费大量的水和煤、车身重、易爆炸、不容易控制、车轴易断裂、易熄火、行车受天气状况影响大、舒适性差等，蒸汽汽车的迅速发展亦引起了马车上的人的不满，他们利用各自的势力使政府不支持蒸汽汽车，并对蒸汽汽车横加指责。在这种情况下，19 世纪中叶以后，蒸汽汽车日趋衰落。尽管如此，蒸汽汽车在汽车发展史上仍占有重要一页，它是现代汽车的奠基者，在汽车的“家谱”中，它是“自动车”的祖先。

学习任务三

内燃机汽车

1860 年，法国的勒诺巴赫（1822—1900 年）制成了煤气内燃机（见图 1-3-1），其主要问题是功率小，消耗的煤气太多。

图 1-3-1　煤气内燃机

1861 年，法国的铁路工程师罗夏发表了进气、压缩、膨胀、排气的四冲程内燃机理论。

1866 年，德国工程师尼古拉斯•奥托成功地试制出立式四冲程煤气内燃机（见图 1-3-2）。

1876 年，奥托又试制成一台卧式四冲程煤气内燃机（见图 1-3-3），这台内燃机被称作奥托内燃机。奥托于 1877 年 8 月 4 日取得四冲程内燃机的专利。后来，人们一直将四冲程循环称为奥托循环。

图 1-3-2　立式四冲程煤气内燃机

图 1-3-3　卧式四冲程煤气内燃机

1879 年，卡尔 · 本茨成功研制出火花塞点火内燃机。1885 年，本茨在德国曼海姆制成了世界上第一辆汽车（见图 1-3-4）。

世界上第一辆汽车的专利证如图 1－3－5 所示，这张在德国注册的汽车专利证，日期是 1886 年 1 月 29 日，专利人为本茨。后来这一日期被确认为汽车的诞生日。

图 1－3－4　世界上第一辆汽车

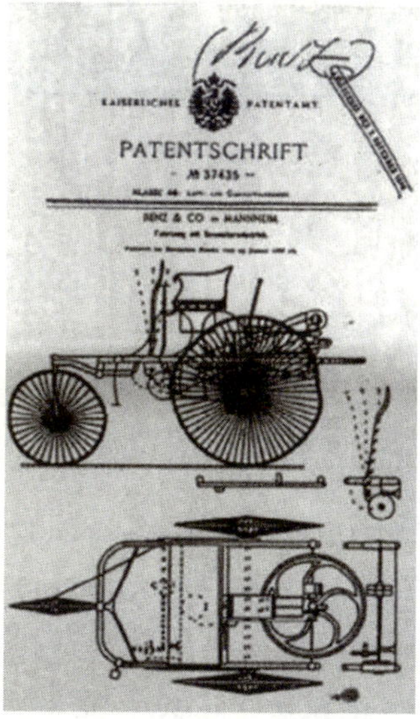

图 1－3－5　世界上第一辆汽车的专利证

1886 年，在德国坎斯塔特，戈特利布 · 戴姆勒将功率为 0.8kW 的汽油机装在一辆四轮马车上，并增加了转向传动装置，该车最高车速为 14.4km/h，这是世界上第一辆装有汽油机的四轮汽车（见图 1－3－6）。

图 1－3－6　世界上第一辆装有汽油机的四轮汽车

卡尔 • 本茨和戈特利布 • 戴姆勒是世界公认的以内燃机为动力的现代汽车的发明者，有人将他们誉为“现代汽车之父”。客观来说，汽车不是哪个人发明的，它是科技发展到一定阶段的必然结果。

学习任务四

世界汽车工业

一、世界汽车工业的三大变革

汽车诞生于德国，成长于法国，成熟于美国，兴旺于欧洲，挑战于日本。在百余年的汽车发展史中，世界汽车工业经历了三次重大变革。

第一次变革，是美国福特汽车公司推出的T型车，并且推动了汽车装配流水线，使世界汽车工业的发展中心从欧洲转向美国。

为了制造理想的大众化汽车，1908年亨利•福特推出了T型车（见图1-4-1），并在1913年建成了世界上第一条汽车装配流水线（见图1-4-2），该流水线将汽车装配时间从12.5小时缩短到1.5小时。高速度、大批量流水线生产的T型车的出现，使汽车成为耐用的大众消费品，同时也为汽车产品市场的拓展提供了可能。从那时开始，汽车工业才有条件发展为具有广泛用户群体和庞大产业规模的世界性成熟产业。

图1-4-1　早期的福特T型车

图1-4-2　福特汽车装配流水线

第二次变革，是欧洲的汽车公司针对美国车型单一、体积庞大、油耗高等弱点，开发了各种各样的新车型，实现了汽车产品多样化，规模效益也得以实现。

到了1966年，欧洲汽车产量突破1000万辆，比1955年产量增长5倍，年均增长率为10.6%，超过北美汽车产量，成为世界第二个汽车工业发展中心。到1973年，欧洲汽车产量已提高到1500万辆。世界汽车工业发展中心又由美国转回欧洲。

第三次变革，是日本通过完善的管理体系，形成精益生产方式，全力发展物美价廉的经济型汽车。

进入20世纪60年代以后，日本经济高速发展，内需强劲增长。日本各汽车公司及时推出物美价廉的汽车，日本出现了普及汽车的高潮。日本汽车国内销量1963年为100万辆，1966年为200万辆，1968年为300万辆，1970年为400万辆。同时，以丰田汽车公司为代表的几家汽车公司将“全面质量管理”和“准时生产系统”两种新型管理机制应用于汽车生产，推动了日本汽车工业的发展。

由于日本实现了国内销售量和出口量双高速增长，迎来了日本汽车工业发展的新局面，创造了世界汽车工业的发展奇迹。日本成为继美国、欧洲之后的世界上第三个汽车工业发展中心，即世界汽车工业的发展中心发生了由欧洲到日本的第三次转移。

二、世界汽车工业的发展

自第一辆汽车诞生以来，汽车工业经历了规范化的变革、经济危机的打击和第二次世界大战后无节制的疯狂发展及市场的空前繁荣，从一国经济走向多国经济，成为实际上第一个全球性竞争的产业。目前，美国、欧洲和日本是世界汽车生产中心。

1. 汽车工业的形成

现代汽车虽然是欧洲人发明的，然而美国在促进汽车工业的形成方面起了巨大的推动作用，从而使美国成为“汽车上的国家”。近代美国汽车工业生产场景如图1-4-3所示。

图1-4-3 近代美国汽车工业生产场景

汽车在发明之初，由于售价高，只是少数富人和贵族的娱乐工具，还不能体现其作为交通工具的本质。从19世纪末到20世纪初，欧洲和美国相继出现了一批汽车制造公司，如德国的戴姆勒–奔驰（Daimler-Benz，梅赛德斯–奔驰的前身）、英国的劳斯莱斯公司（Rolls-Royce）、法国的雪铁龙公司（Citroen）、意大利的菲亚特公司（Fiat）等。但在当时由于技术发展还不具备生产汽车这种大型复杂机械产品的水平，加之汽车成为富人和贵族享用的奢侈品，一味追求豪华，售价昂贵，销售量不大，无论是欧洲还是美国，都未形成具有一定规模的汽车工业。

汽车诞生于欧洲，但最早的汽车工业却形成于美国。说到汽车工业的形成，美国人亨利·福特（Henry Ford）功不可没。福特于1883年在自己简陋的小作坊里试制成功一辆汽油机车。几经周折后，他与1903年成立了福特汽车公司，提出了将汽车由奢侈品变为生活必需品的主张，致力于研发可靠、耐用、操作简便、售价低廉、使用和维护费用低的普及型汽车。

1908年秋，令人瞩目的福特T型车问世。T型车的设计思路、生产过程、零售定价、售后组织、售后服务等许多方面都采用了与众不同的方法。T型车的各种零件被首次设计成统一规格，实现了总成互换；大型总装车间采用机械传送带运送零件和工具的流水线装配法，极大地提高了工作效率；采用低定价的销售策略，使大多数人都能够买得起；提供充足的零部件和及时的售后服务保障，消除了用户的后顾之忧；大幅提高工人工资，以求提高工作效率、降低生产成本。由于该车价格低廉、使用方便、维护简便，受到人们的追捧，一时间销售非常火爆。至1927年，福特汽车公司累计生产T型车1500多万辆，创造了空前的纪录。T型车使福特获得了巨大的成功，也为福特赢得了"汽车大王"的美誉。同时，T型车成为普通民众的交通工具，改变了人们的生活方式、思维方式和娱乐方式，将人类带入了汽车时代。

2. 汽车工业的发展

汽车工业是关联产业最广、技术涉及面最大的综合性工业。因此，汽车工业的发展不仅依赖于汽车行业本身的技术进步，而且取决于相关联产业的技术进步、汽车工业应用技术的能力、世界汽车市场的容量、能源和原材料的供应、人们对环境的要求、国家政策和意外变化等。例如，第一次世界大战中，汽车运输的机动性优点得以充分体现，各国训练了不少军用汽车的驾驶人，其中很多人还学到了一些汽车生产维修技术，于是战后汽车需求迅速增长，汽车市场买卖兴隆。但时隔不久，经济萧条使汽车的需求量一落千丈。

由于欧洲汽车工业发展缓慢，美国汽车大量销往欧洲，美国汽车厂家为了降低运输成本并避免整车运输造成车身损伤，就采用全散件组装（completely knocked down，CKD）的方式，将美国生产的零部件运到欧洲就地装配成整车出售。福特公司于1911年在英国建立了一个装配厂。到了1929年，福特在21个国家建立了总装厂，通用在16个国家建立了总装厂。到1930年，欧洲各国为了保护本国的汽车工业，开始对美国汽车增加进口关税，尤其是对汽车零部件进口课以重税，致使美国将CKD总装厂改为全部零件就地生产的汽车制造厂。当时，欧洲各国的汽车制造厂虽不能在售价上与美国竞争，但它们凭借技术优势，在品种、车型风格、道路适应性以及某些性能上的特色，也占有了一定的市场份额。有许多新技术，例如发动机前置驱动、后置后驱、承载式车身、节能型微型轿车等，都首先出现在欧洲，从而为欧洲汽车工业的发展奠定了基础。

第二次世界大战期间，各国汽车工业均为军事目的服务，生产坦克、装甲车等军用装备和物资（见图 1－4－4），这也缓和了美国与欧洲汽车工业的竞争。第二次世界大战后，随着经济复苏与政府支持力度的加强，欧洲汽车工业开始大发展，特别是德国在战后仅用了 5 年时间，就使汽车产量达到了 30 万辆，超过了其战前的最高水平。

图 1－4－4　军用汽车

1960 年，德国的汽车年产量达到了 205.5 万辆，超过了英国，成为当时世界上第二大汽车制造商。德国汽车高速发展的主要动力是将轿车迅速普及到国内劳动阶层，以国内市场为主，同时扩大国际市场，如大众汽车成了全世界的畅销车。欧洲汽车工业的大发展使世界汽车工业重心逐步由美国转向欧洲。

日本经济在经历了第二次世界大战的毁灭和战后十年的复苏之后，在 1955 年进入高速发展阶段，经济强势复苏，其汽车产业也在这一段时间打下了坚实的基础。20 世纪 60 年代中期到 20 纪 70 年代，日本汽车工业高速发展。1960 年，日本汽车年产量仅为 16 万辆，远远低于同时期美国和西欧各主要汽车生产国的产量，然而仅仅过了 7 年时间，日本汽车年产量就达到 300 万辆，超过德国，成为全球第二大汽车生产国。

20 世纪 70 年代的石油危机重创了欧美车商，但是却让推崇小排量车的日本车企从中受益，日本汽车登上了世界汽车的舞台。石油危机之后，美国一部分家庭难以承担高昂的油费，选择了日系汽车代替大排量美系汽车，而在欧洲注重节能减排之后，日本车又进一步抓住了欧洲市场，一跃成为世界汽车工业的巨头。1976 年，日本汽车出口达到 250 万辆之多，首次超过其国内销量；之后的 10 年间，日本汽车产业继续保持近 15% 的高增长率，这一状况基本持续到 20 纪 80 年代中期。此后，日本汽车市场的增长速度开始减缓，但出口依然强势，推动日本汽车产业不断发展。至 1990 年，日本汽车产量达到 1350 万辆，日本成为美国和欧洲之后世界第三个汽车工业发展中心。

日本汽车大量出口导致日美汽车贸易摩擦，加之日元升值等因素，到了 1994 年，汽车产量又落后于美国，退居世界第二位。20 世纪 90 年代末以后，日本经济泡沫被刺破，日本汽车工业进行了大幅度的兼并重组，加大技术革新，日本汽车工业的大企业纷纷通过控股等方式加入了西方大跨国公司的行列。

学习任务五

中国汽车工业发展史

20 世纪 50 年代，中国开始建立自己的汽车工业。回顾历史，中国汽车工业经历了四个历史阶段，取得了举世瞩目的成就。

一、起步阶段（1953—1984 年）

中华人民共和国成立之初，毛泽东主席、周恩来总理等第一代国家领导人非常关注汽车工业的发展，亲自参与建立中国汽车工业的重大决策，在苏联援助中国建设一批重点工业项目中列入“建设一座现代化的载货汽车工厂”。1953 年 7 月 15 日，第一汽车制造厂（以下简称“一汽”）在吉林省长春市动工兴建。

中国汽车的起跑线就是从 1953 年 7 月 15 日开始的。那一天，一汽破土动工，并在 1956 年 7 月 14 日成功生产出第一批“解放”牌 CA10 型 4t 载货汽车，当年生产了 1600 多辆。1957 年 5 月，一汽开始仿照国外样车自行设计轿车；1958 年先后试制成功 CA71 型东风牌小轿车和 CA72 型红旗牌高级轿车，毛泽东等国家领导人亲自试乘了东风牌小轿车，十分高兴地称赞：“坐上自己制造的汽车了”；之后，红旗牌高级轿车被列为国家礼宾用车，并用作国家领导人乘坐的庆典检阅车。

起步初期的中国汽车步履还是很平稳的。1960 年，全国汽车总产量已提高到 22574 辆。当时，与日本、韩国等邻国相比，按照苏联模式发展起来的中国汽车的起点并不算低。但是之后的中国汽车很快就在社会的大潮中沉浮不定、进展缓慢。直到 1971 年，全国汽车产量才突破 10 万辆；1980 年，才突破 20 万辆。

1965 年，出于经济安全等各方面考虑，国家开始在湖北十堰筹建第二汽车制造厂（以下简称“二汽”）。1969 年，二汽破土动工，并从一汽抽调人员援建二汽，中国又一大汽车生产基地诞生，所产车型是一汽刚刚研发的新型卡车，而一汽则继续生产“老解放”。在此后很长一段时间里，特别是 20 世纪 80 年代之后，一汽都因车型不如二汽而在市场上苦苦挣扎。直到 1986 年，解放卡车实现垂直换型，CA141（见图 1－5－1）问世，才扭转了局面。

图 1-5-1 解放卡车 CA141

在中国汽车工业发展的第一个阶段里，轿车也曾短暂地“繁荣”过。1958 年，一汽相继生产了“东风”“红旗”两种轿车。

1958 年，北京汽车制造厂研制的“井冈山”牌小轿车、上海打造的“凤凰”牌轿车，也被作为向共和国的献礼而生产了出来。

轿车的第一次浪潮很快因种种原因而偃旗息鼓。从 1958 年到 1983 年，中国轿车用了 25 年的时间年产量才突破 5000 辆。其中，1961 年全国轿车产量仅 5 辆。

原机械工业部部长何光远在总结中国汽车发展的坎坷历程时说，从 1953 年到 1984 年，中国汽车工业基本上是“中国卡车工业”。

二、合资阶段（1984—1994 年）

1984 年，汽车企业吸引外资、与外国企业合作生产汽车的问题被推到了前台。

1984 年 1 月，中国汽车发展史上的第一家中外合资企业——北京吉普诞生了。当时的北京吉普是国内越野车企业的龙头。此后的 19 年里，这块中国汽车改革的试验田经历了兴与衰、荣与辱。

有了问路石的中国汽车很快就掀起了第一轮合资浪潮。1985 年，上海大众汽车公司成立；同年，南京汽车引入了意大利菲亚特的依维柯汽车，广州汽车与法国标致的合资项目也获批准，轿车工业开始大步向前。

在 1986 年的六届四次人大会议上，“把汽车制造业作为重要支柱产业”被写进了“七五”计划。当年，全国轿车总量突破了 1 万辆，是上一年的 2.3 倍。此后连年大幅上升，到 1994 年，轿车产量就已超过 25 万辆，上海大众这样的单一轿车生产企业也逐渐超越了一汽、二汽等大集团，成为中国汽车的领头羊。

良好的形势使国家开始审慎研究轿车的发展问题。1987 年，国家作出了发展轿车工业的重大决策，并确定了“三大三小”的总体格局，从而确立了轿车产业向规模化的方向发展。

1990 年，轿车产业的“三大基地”进一步调整。上海汽车工业总公司宣告成立。同年，投资上百亿元、规划年产 15 万辆的一汽大众、神龙项目签约。但因种种原因，直到 20 世纪 90 年代中后期，捷达、富康才在市场上初露锋芒。

三、放开阶段（1994—2000 年）

1994 年是中国汽车史，特别是轿车史上值得纪念的一年。在这一年，左右中国汽车近 10 年的《汽车工业产业政策》出台了。虽然以现在的眼光来看，这个产业政策还有许多局限之处，但它当时解决了汽车发展中的许多问题，特别是将“汽车”和“家庭”联系到了一起！

在当时，提出轿车进入家庭，鼓励个人购买轿车是非常惊人的！一些改革开放后先富起来的人的购车热情被激发起来，私人汽车在老百姓心中也不再神秘、遥远。从 1994 年到 1995 年，全国汽车总产量增加了 10 万辆，其中，仅轿车就增加了 8.5 万辆，增长量比 1991 年的轿车总产量都多。

为了探讨汽车进入家庭的可行性，国家有关部门举行了一次题为 *Family Car* 的研讨会，并在 1994 年专门举办了一次家庭汽车展。

尽管这次家庭汽车展的展览面积只有 1 万平方米，却有 10 万观众涌入了展馆。奔驰、保时捷还带来了专门为中国开发的家庭概念车。

家庭汽车概念所引发的热情迅速扩散至全国，当时有 20 多个省（自治区、直辖市）将汽车作为支柱产业，全国的主要工科大学也都开设了汽车专业，一批又一批带着汽车设计师梦想的青年人走进了汽车的殿堂。

汽车消费市场也应运而生，北京亚运村、北方等汽车交易市场初见规模，一群背着“军挎”的年轻人开始了“车虫”的生活，其中很大一部分人因此致富，而其他如贴膜、加装汽车防盗器之类的行业也成为当时最热门的生意之一。与此同时，一场关于“要不要发展家庭轿车”的大论战也被推向了高潮。

在这场历时数年的论战中，“汽车进入家庭”的问题被拓展到社会学、经济学、交通学的高度。一时间，百家争鸣，上至庙堂学府，下到百姓茶余饭后，汽车和交通的辩证关系成为一个热门的话题。

1994 年之后，汽车消费不再受限制，但事实上，在要不要发展汽车工业，特别是是否鼓励轿车进入家庭的问题上还是有很大争议的，由于当时并没有明确鼓励汽车消费，各种税费、地方保护仍十分严重。

正是在这些因素的影响下，鼓励私人购车所引发的热潮很快就平息了。1994 年到 1998 年的 4 年里，中国汽车增长平缓，年增速只有 1.5% ～ 7.3%。同时，汽车工业本身散、乱、规模小的劣势也愈发明显。如在 1995 年，全国汽车产量只有 144 万辆，尚不如国外一家汽车企业的产量多，但却分散在 122 家整车生产企业生产。其中年产量超过 10 万辆的只有 5 家，产量在 1 万～ 10 万辆的有 14 家，剩下的企业平均年产量只有 1700 辆左右。

到了 1998 年，中国汽车的年总产量达到了 162.8 万辆，从而成为世界上第十大汽车制造国。就在这一年，中国轿车的第二轮合资热潮开始，上海通用、广州本田破土动工，而后别克、雅阁的问世，使国产汽车里有了中高档轿车。

在此期间，一汽大众、神龙公司也站稳了脚跟，开始向连续多年位居国内汽车企业榜首的上海大众发起挑战，但同时，曾经的国内第一合资汽车企业——北京吉普则由 20 世纪 90 年代中期的高峰期走进了低谷。

四、快速发展阶段（2001 年至今）

对于进入 21 世纪的中国汽车而言，“家庭汽车”已不再是争论的热点，取而代之的是中国加入世界贸易组织之后的生存与发展。

在 2001 年的“十五”计划中，汽车进入家庭已经被明确提出。赛欧、夏利 2000 等一批旨在重新定义家庭轿车的新车型涌入市场，一时间 10 万元成为界定家庭轿车的分水岭。

同时，国家也放开了汽车价格，汽车终于从高高在上的“生产资料”，还原成了走进平民百姓家庭的“商品”。在企业层面，新的合资项目越来越多，而像吉利这样的民企也得以进军轿车领域。

社会对汽车的热度随之持续上升，老百姓谈论着加入世界贸易组织之后的汽车会便宜多少钱，各大媒体开设了专门的汽车版面，汽车产品的广告也充斥了大街小巷。

2001 年，汹涌而来的汽车热浪却因中国加入世界贸易组织而暂时停滞，由于消费者对中国加入世界贸易组织期望过高，从而出现了长时间的“持币待购”，市场这只无形的手开始发挥功效，让 2001 年的中国汽车在“叫好不叫座”中度过了关键的一年。当年，全国汽车总产量为 234 万辆，仅比 2000 年多了 20 多万辆。

可是，2002 年的情况却出人意料，爆发式的增长行情令马路上的汽车一夜之间就多了起来，全年销量猛增至 325 万辆。同时，一汽收购天汽、东风联手日产，一系列的内引外联使中国汽车格局发生了巨大的变化。

近年，政府出台了多项政策支持新能源汽车的发展。中国目前是全球最大的新能源汽车市场，2021 年的新能源汽车销量达到 333.4 万辆，占全球新能源汽车销量的近一半。新能源、智能控制系统和远程信息处理是全球汽车行业的发展方向，到目前为止，全球新能源汽车市场显著增长，中国新能源汽车市场将继续保持高速增长。

相关数据显示，新能源汽车的全球销量保持稳定增长，由 2017 年的 116.21 万辆增长至 2021 年的 620.12 万辆。

从消费者偏好层面来看，消费者对于个人健康及城市环境状况的关注日益增加，中国电动汽车购买者获得了切实好处。同时，传统燃油车主机厂也需要加大研发投入，以减少二氧化碳、氮氧化物和其他空气污染物的排放。

从能源类型层面来看，纯电动车将成为未来新能源车市场的主流车型。目前，新能源车的主要类型包括纯电动汽车和插电式混合动力汽车。从基础设施的角度来看，全球各国政府一直在推动电动汽车基础设施的建设，成为越来越多的消费者购买纯电动汽车的重要因素。纯电动汽车较插电式混合动力汽车具有更大的电池容量，进而将推动电池行业的发展。

2016—2021 年中国汽车保有量情况如图 1 - 5 - 2 所示。

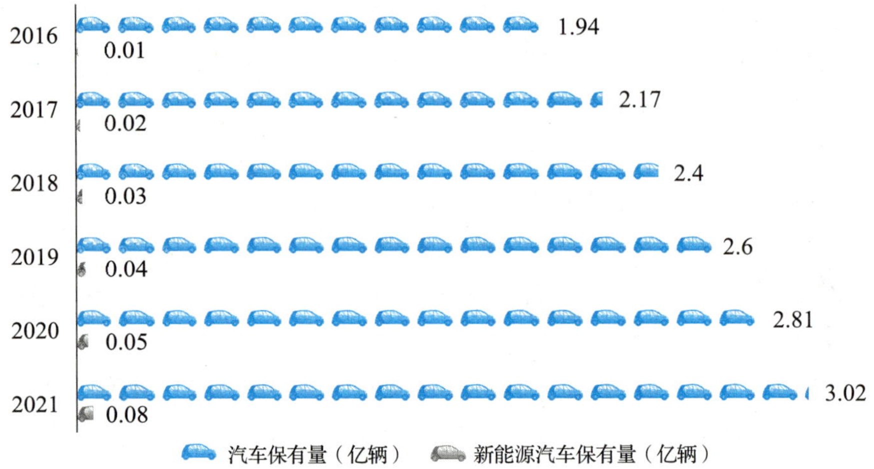

图 1－5－2　2016—2021 年中国汽车保有量情况

重点回顾

中国汽车工业发展历史。

学后测评

1. 简述世界汽车工业发展史。
2. 简述中国汽车工业发展史。

学生反思

1. 学习了汽车工业发展史后，你有什么感触？
2. 为什么中国近代汽车工业发展比较艰难？

模块二

汽车品牌

导读

世界上主要的汽车品牌如下：

（1）中国：奇瑞、吉利、长城、荣威、比亚迪、昌河、长安、一汽、海马、哈飞、红旗、华晨、陆风、长丰猎豹、双环、名爵、东南汽车、五菱、江淮、东风、力帆、华普、飞碟、众泰、华泰、解放、上汽、北汽。

（2）韩国：起亚、双龙、现代、大宇。

（3）日本：日产、丰田、三菱、马自达、本田、铃木、五十铃、讴歌、雷克萨斯、斯巴鲁、光冈、大发、英菲尼迪、日野（商用车品牌）。

（4）德国：奔驰、宝马、奥迪、大众、欧宝、保时捷、迈巴赫、欧洲福特、尼奥普兰（商用车品牌）、凯斯鲍尔（商用车品牌）。

（5）英国：路虎、捷豹、莲花、宾利、劳斯莱斯、阿斯顿马丁、摩根、沃克斯豪尔、MG、迷你、TVR、奥斯汀、卡特汉姆、布里斯托尔、阿斯卡里。

（6）法国：标致、雷诺、雪铁龙、布加迪。

（7）意大利：法拉利、玛莎拉蒂、阿尔法·罗密欧、兰博基尼、蓝旗亚、帕加尼、菲亚特、依维柯（商用车品牌）。

（8）瑞典：沃尔沃、萨博、科尼赛克、斯堪尼亚（商用车品牌）。

（9）荷兰：世爵、冬克沃特、DAF（商用车品牌）。

（10）西班牙：西亚特。

（11）捷克：斯柯达。

（12）美国：通用、福特、克莱斯勒、凯迪拉克、庞迪克、别克、土星、雪佛兰、悍马、道奇、奥兹莫比尔、林肯、水星、野马、萨林、美洲狮、GMC、普利茅斯、顺风、莫斯勒、谢尔比、奥克、JEEP。

学习目标

知识目标

了解欧洲、美洲、日韩和中国车系各个汽车公司的企业风采。

能力目标

记住欧洲、美洲、日韩和中国的汽车品牌、商标和主要车型。

素质目标

1. 能对世界各国汽车企业的发展有深刻的体会。
2. 培养爱国精神。

学习任务一

欧洲车系

一、欧洲汽车发展概况

汽车起源于德国，经历了20世纪初在法国的早期发展，最终在美国迎来了鼎盛时代，并在很多方面都走在了时代的前列。

1886年前后，一群大胆而富有想象力的欧洲人，如卡尔·本茨（Karl Benz）、哥特利布·戴姆勒（Gottlieb Daimler）、阿芒·标致（Armand Peuceot）和安德烈·雪铁龙（André Citroen），催生了这个20世纪工业的天之骄子。时至今日，欧洲汽车早已失去往日的霸气和荣光。1993年，欧洲（不含独联体）总共销售各种汽车约1100万辆，尚不及美国（1350万）或日本（1150万）一国的产量。皇冠虽已失去，但欧洲汽车已有百年积淀，其独特魅力犹存。

今日的欧洲车坛，可以说是百花齐放，德国车的刚劲沉稳，英国车的尊贵典雅，瑞典车的安全厚重，法国车的超凡操控性，意大利车的高性能，一直为世人所称道。

总体来说，欧洲车属于讲究内涵和个性的一类，其精华之处需要慢慢品味。但欧洲劳动力成本很高，导致欧洲车的价格高昂，而且在当今的消费文化中，并非人人都追求风格，那些“绝非凡品”未必会成为热门货。国际分工不可避免，欧洲汽车工业要在廉价的家庭用车上和美、日两强自由竞争，前途未必光明，在少量生产的高利润精品（包括高级房车和超级跑车）领域，欧洲的优势仍然明显。

二、德国汽车公司及其品牌车标

1. 德国汽车发展概况

德国是世界上著名的汽车生产大国，也是世界汽车工业的鼻祖。世界上最早的汽车就是在 1886 年由德国人哥特利布·戴姆勒和卡尔·本茨几乎同时制造出来的，世界上第一台汽油机和柴油机也都首先在德国研制成功。德国汽车产品一向以工艺精细、质量优良著称，无论是高档豪华车还是大众普及车，都受到人们的信赖。

德国的著名汽车厂家有戴姆勒－奔驰股份公司（现为梅赛德斯－奔驰集团股份公司）、宝马汽车公司、大众汽车股份公司、保时捷汽车公司等。在汽车发动机技术方面，德国奥迪汽车可谓创下了节省燃料的纪录，奥迪 100TDI 在亚洲、大洋洲、美洲、非洲、欧洲的长途越野跋涉中，每百千米的平均油耗不超过 8L。大众汽车公司正在研制一种“超微汽车”，它价格低廉、技术安全可靠、外观美观、耗油量低并且乘坐舒适方便。

2. 奔驰汽车公司

（1）概述。

戴姆勒－奔驰（Daimler-Benz）汽车公司创立于 1926 年，创始人是卡尔·本茨（Karl Benz）和哥特里布·戴姆勒（Gottlieb Daimler）。它的前身是 1886 年成立的奔驰汽车厂和戴姆勒汽车厂。1926 年两厂合并后，称为戴姆勒－奔驰汽车公司，中文简称为奔驰汽车公司。奔驰汽车公司经营风格始终如一，除以高质量、高性能的豪华汽车闻名外，它还是世界上最著名的大客车和重型载重汽车的生产厂家。

奔驰汽车品种系列如下：

A 级：微型轿车（见图 2－1－1）；C 级：小型轿车（见图 2－1－2）；E 级：中型轿车（见图 2－1－3）；S 级：大型豪华轿车（见图 2－1－4）；跑车系列：SLK、CLK、SL（见图 2－1－5）、CL（见图 2－1－6）；多用途厢体车系列：M 和 V 级车；小汽车新产品有奔驰 W124、奔驰 R129 和奔驰 W126 等系列，其中 W126 系列的 560SEC 和 R129 系列的 500SL 都是十分受欢迎的超豪华汽车。

图 2－1－1　奔驰 A 级车

图 2－1－2　奔驰 C 级车

图 2-1-3　奔驰 E 级车

图 2-1-4　奔驰 S600 高级轿车

图 2-1-5　1956 年生产的奔驰 300SL 轿车

图 2-1-6　奔驰 CL600 轿车

1998 年 5 月，美国克莱斯勒汽车公司与德国戴姆勒 – 奔驰公司为实现战略性互补，并迅速拓展各自在欧洲越野吉普车和北美小型轿车市场的份额，两公司实施了世界汽车工业史上最大规模的一次强强合并，合并后改名为戴姆勒 – 克莱斯勒汽车公司，其中克莱斯勒汽车公司占股 42%。

然而，合并后克莱斯勒的日子并不好过，由于成本高企等原因，克莱斯勒一直徘徊在亏损边缘。2007 年 10 月 4 日，戴姆勒 – 克莱斯勒公司发表公报称，通过股东大会投票表决，该公司已更名为戴姆勒股份公司，从而正式完成了德国戴姆勒与美国克莱斯勒的分离程序。

2018 年 2 月 23 日，吉利集团以约 90 亿美元价格收购了戴姆勒（Daimler）9.69% 股份，成为奔驰母公司戴姆勒的最大股东。

2022 年 1 月，戴姆勒股份公司更名为梅赛德斯 – 奔驰集团股份公司。

（2）奔驰汽车公司主要品牌及其车标。

奔驰汽车公司主要拥有梅赛德斯 – 奔驰（Mercedes-Benz）、迈巴赫（Maybach）、精灵（Smart）三个汽车品牌。

1）梅赛德斯 – 奔驰。

戴姆勒发明了四轮内燃机汽车，并创立了自己的汽车公司，但戴姆勒汽车公司生产的汽车品牌却叫梅赛德斯（Mercedes）。

戴姆勒 – 奔驰汽车公司的车标经历了一个漫长的演变过程（见图 2-1-7）。

图 2-1-7　戴姆勒 – 奔驰汽车公司标志的演变过程

2）迈巴赫。

迈巴赫品牌首创于20世纪20年代。被誉为“设计之王”的威廉·迈巴赫（Wilhelm Maybach）不但是戴姆勒－奔驰公司的三位主要创始人之一，更是世界首辆梅赛德斯－奔驰汽车的发明者之一。

迈巴赫的英文名是Maybach，它在德国人心目中是顶级豪华汽车（见图2－1－8）。迈巴赫的名称源于威廉姆·迈巴赫的姓氏，车标（见图2－1－9）为两个重叠的字母M，外框用三角形围起来，再加一个三角形底座。

图2－1－8　迈巴赫 Exelero 超级跑车

图2－1－9　迈巴赫车标

迈巴赫与迈巴赫引擎制造厂是1921—1940年活跃于欧洲地区的德国超豪华汽车品牌与制造厂。1997年，戴姆勒－克莱斯勒集团在东京车展上展出一辆以Maybach为名的概念性超豪华四门轿车，正式让这个德国汽车品牌在销声匿迹多年后再次复活。但是由于市场表现不佳，迈巴赫系列轿车于2013年全面停产。2014年11月19日，梅赛德斯－奔驰在广州正式发布全新子品牌梅赛德斯－迈巴赫，同时，该品牌首款车型迈巴赫S级也正式全球首发亮相。

3）精灵。

精灵（Smart）又称斯马特，它由精灵汽车有限公司生产。精灵汽车有限公司是戴姆勒－奔驰的全资子公司，成立于1994年，管理中心设在德国斯图加特市，生产工厂则在与斯图加特市相距不远的法国海姆巴赫市。精灵的标志由一个C与一个往右的箭头组成（见图2－1－10），“C”代表的是“Compact”（小型的），箭头则有“forward thinking”（开阔思维）的含义，与Smart的口号“open your mind”呼应。图2－1－11为精灵Fortwo。

图2－1－10　Smart 车标

图2－1－11　精灵 Fortwo

3. 大众汽车公司

（1）概述。

大众（Volkswagen）汽车公司是世界十大汽车公司之一，创建于德国的沃尔夫斯堡（Wolfsburg），创始人是世界著名的汽车设计大师费迪南德·保时捷。大众汽车公司现已成为一个在全世界许多国家都有生产厂的跨国汽车集团。大众汽车公司总部曾迁往柏林，现在仍在沃尔夫斯堡。

第二次世界大战后，大众汽车公司划归西德政府，又重新开始生产家用轿车。因为这种车的外形很像一只甲壳虫，所以后来被人们称作“甲壳虫”（Beetle）轿车（见图 2－1－12）。因为甲壳虫汽车价格低廉，很适宜一般家庭使用，所以很快风靡德国和欧洲其他国家，从 1943 年开始生产到 1981 年最后一辆甲壳虫轿车开下流水线（见图 2－1－13），该车累计生产了 2000 万辆，打破了福特 T 型车所保持的世界纪录。

图 2－1－12　甲壳虫汽车

图 2－1－13　最后一辆甲壳虫轿车开下流水线

目前，大众汽车公司有 13 家生产性子公司，海外有 7 家销售公司，23 家其他公司。整个汽车集团产销能力在 500 万辆左右。继甲壳虫轿车之后，大众汽车公司在 1980 年实现四轮连续驱动小客车大批量生产，推出 20 世纪 80 年代世界最畅销的高尔夫汽车（见图 2－1－14），从而成为欧洲最大的汽车商。

图 2－1－14　大众高尔夫轿车

（2）公司主要品牌及其车标。

1）大众（Volkswagen）。

大众汽车，顾名思义，是为大众生产的汽车。大众汽车的车标（见图 2－1－15）由两个德文单词“Volks”“Wagen”（意为大众使用的汽车）的首字母“V”和“W”组合而成，图案简捷、大方、明了。整个图案又可以理解成三个用中指和食指构成的“V”，意即“Victory”的首字母，象征着大众汽车公司及其产品必胜。

图 2－1－15　大众车标

2）奥迪（Audi）。

奥迪汽车公司现为大众汽车公司的子公司，总部设在德国的英戈尔施塔特（Ingolstadt），创始人是奥古斯特·霍希（August Horch）。1932 年 6 月 29 日，霍希汽车公司、奥迪汽车公司、蒸汽动力车辆厂（DKW）和漫游者（Wanderer）汽车公司合并组成汽车联合公司。汽车联合公司在第二次世界大战中被毁，1949 年重新成立后更名为奥迪汽车联合公司，此后就只生产奥迪牌轿车。

奥迪汽车公司的主要产品有 A3 系列、A4 系列、A6 系列（见图 2－1－16）、A8 系列、敞篷车及运动车系列等。代表车型奥迪 100 以其优美造型和最低风阻系数赢得了美誉。

奥迪车标（见图 2－1－17）采用四个连环，分别代表四家公司。半径相等的四个紧扣连环象征公司成员平等、互相协作的亲密关系和奋发向上的敬业精神。

图 2－1－16　2009 款奥迪 A6

图 2－1－17　奥迪车标

3）兰博基尼（Lamborghini）。

兰博基尼汽车公司原是意大利超级跑车制造商，创建于1962年，创始人是弗鲁西欧·兰博基尼（Ferruccio Lamborghini）。1964年，第一辆兰博基尼跑车下线（见图2-1-18）。兰博基尼汽车公司总部设在跑车之都摩德纳附近的圣·亚哥大（Sant Agata）。1998年，兰博基尼汽车公司被奥迪公司收购，成为大众集团的一个子公司。兰博基尼超级运动车非常时尚（见图2-1-19），车标为一头公牛（见2-1-20）。

图2-1-18　1964年生产的第一辆兰博基尼跑车

图2-1-19　兰博基尼超级运动车

图2-1-20　兰博基尼车标

4）斯柯达（Skoda）。

斯柯达公司的历史可以追溯到1894年，是世界上五个最早的轿车生产厂之一。斯柯达汽车公司总部位于捷克首都布拉格北部的一个美丽的小镇布拉斯拉夫（中文意“年轻的城市”），现在是捷克名副其实的汽车城。2008款斯柯达法比亚如图2-1-21所示，车标如图2-1-22所示。

图2-1-21　2008款斯柯达法比亚

(a) 旧车标　　(b) 新车标

图 2－1－22　斯柯达车标

5）西亚特（Seat）。

西亚特是西班牙最大的汽车公司，1950 年成立于巴塞罗那，现在是德国大众汽车公司的子公司。西亚特 Ibiza 如图 2－1－23 所示。西亚特车标如图 2－1－24 所示。

图 2－1－23　西亚特 Ibiza

图 2－1－24　西亚特车标

6）布加迪（Bugatti）。

布加迪汽车属顶级豪华跑车，创立于 1909 年，原为意大利品牌，1998 年被大众收购。布加迪汽车经典设计产生于 20 世纪二三十年代。布加迪汽车的最大特点是将艺术与汽车设计完美结合了起来。布加迪品牌是世界汽车设计史上一座重要的里程碑。1881 年 9 月 15 日，埃托尔·布加迪出生于意大利米兰的一个艺术家世家。1882 年，布加迪家族移居法国巴黎。在法国，布加迪学会了法语，受到法国文化的陶冶，他深深地爱上了艺术事业。后来他返回意大利，进入米兰艺术学院。在学习过程中，他被汽车这个新生事物深深吸引，于是他毅然离开了米兰艺术学院，决心在汽车上实现自己的创作欲望，把汽车变成轮子上的艺术品。布加迪车标如图 2－1－25 所示。

图 2－1－25　布加迪车标

7）宾利（Bentley）。

宾利汽车公司原是英国一家独立的汽车公司，创建于 1909 年，创始人是沃尔特·欧文·宾利（Walter Owen Bently）。1933 年，宾利汽车公司被劳斯莱斯公司收购，成为劳斯莱斯公司下属的宾利跑车部。1999 年，宾利成为大众集团的一个品牌。宾利轿跑车欧陆 GT 如图 2－1－26 所示。

宾利汽车公司标志（见图 2－1－27）是插图师葛登·克鲁斯比为宾利汽车设计的，中间以公司名的第一个字母“B”为主体，生出一对翅膀，似凌空翱翔的雄鹰，喻示着宾利汽车公司的无限发展能力。

图 2－1－26　宾利轿跑车欧陆 GT

图 2－1－27　宾利车标

4. 宝马汽车公司

（1）概述。

宝马汽车公司是以生产豪华汽车、摩托车和高性能发动机而闻名于世的汽车企业，也被认为是高档汽车生产厂家的先导。宝马轿车具有运动车的性能和豪华轿车的风度，是二者的完美结合，深受一些有成就的企业家和社会名流的喜爱。它和奔驰汽车公司一样，不追求汽车产量的扩大，只追求生产高品质、高性能和高级别的汽车。

BMW 是巴依尔汽车工业有限公司的前身巴依尔发动机厂的缩写，它成立于 1916 年，总部设在德国慕尼黑。

1994 年宝马集团收购了英国路虎汽车公司（Rover Group）；2003 年，宝马集团又购得了劳斯莱斯汽车品牌。

宝马汽车主要车型有宝马 1 系列（见图 2－1－28）、宝马 3 系列（见图 2－1－29）、宝马 5 系列（见图 2－1－30）、宝马 7 系列（见图 2－1－31）、宝马 X 系列。

图 2－1－28　1931 年和 1951 年生产的宝马 1 系列

图 2-1-29　宝马 3 系列硬顶敞篷跑车

图 2-1-30　宝马 5 系列（530Li）

图 2-1-31　宝马 7 系列豪华型高级轿车

（2）公司主要品牌及车标。

宝马汽车公司旗下拥有宝马（BMW）、迷你（MINI）、劳斯莱斯（Rolls-Royce）等汽车品牌。

1）宝马。

宝马汽车标志（见图 2-1-32）中间的蓝白相间图案代表蓝天、白云和旋转不停的螺旋桨，喻示宝马公司源远流长的历史，象征该公司过去在航空发动机技术方面的领先地位，又象征公司一贯的宗旨和目标：在广阔的时空中，以精湛的技术、最新的观念，满足顾客的最大愿望，反映了公司蓬勃向上的气势和日新月异的新面貌。

图 2-1-32　宝马车标

2）劳斯莱斯。

劳斯莱斯汽车公司又称罗尔斯·罗易斯汽车公司，以“贵族化”而享誉全球，主要车型如图 2-1-33 所示。劳斯莱斯汽车制作精细、材质优良，年产量仅有几千辆。劳斯莱斯汽车公司是在 1904 年由弗里德瑞克·罗易斯（Frederick Royce）和查尔斯·罗尔斯

（Charles Rolls）合作创建的，两人在 1904 年设计生产了第一台劳斯莱斯（见图 2－1－34）。虽然两人的出身、爱好、性格完全不同，但对汽车事业的执着和向往，使他们成为一对出色的搭档。两位创始人的“创造世界上最好的汽车”的追求一直是劳斯莱斯最高的经营宗旨。

图 2－1－33　劳斯莱斯

图 2－1－34　1904 年生产的劳斯莱斯

劳斯莱斯汽车的标志如图 2－1－35（a）所示，图案以两个重叠的“R”为中心，上方写有罗尔斯（Rolls）的名字，下方是罗易斯（Royce）的名字，该车标象征着你中有我、我中有你，体现了罗易斯、罗尔斯两人融洽和谐的关系。劳斯莱斯汽车的标志除了双“R”之外，还有著名的飞翔女神标志，如图 2－1－35（b）所示。

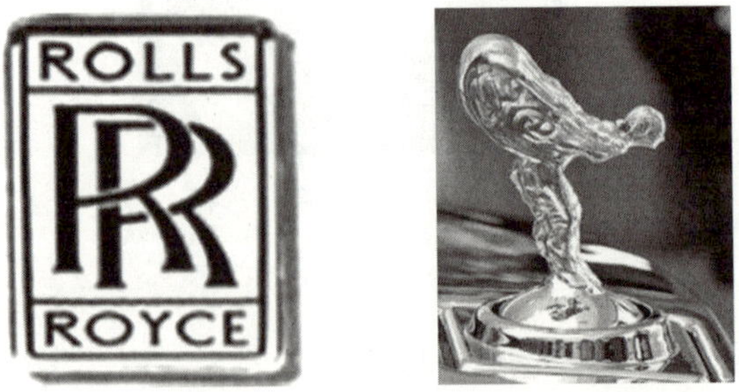

（a）双 R 标志　　（b）飞翔女神标志

图 2－1－35　劳斯莱斯车标

3）迷你。

阿历克·伊斯戈尼斯（Alec Issigonis）具有希腊和德国血统，在土耳其长大，在英国上大学并参加工作，先后供职于英国 4 家汽车公司。1957 年 3 月，伊斯戈尼斯开始设计人人买得起、能容纳 4 人的莫利斯·米诺（Morris Minor）微型版经济汽车。迷你车型如图 2－1－36、图 2－1－37 和图 2－1－38 所示。

图 2－1－36　1959 年第一代迷你车

图 2－1－37　新一代迷你车

图 2－1－38　Mini Cooper

迷你汽车使用的标志（见图 2－1－39）是一个插上翅膀的车轮，图标中间采用的是 Mini 的拼写字母。

图 2－1－39　迷你车标

5. 保时捷汽车公司

（1）概述。

保时捷（Porsche）汽车公司于 1931 年成立，创始人是汽车设计大师费迪南德·保时捷（Ferdinand Porsche）。费迪南德·保时捷把自己的毕生精力都献给了汽车事业。保时捷汽车公司总部位于德国的斯图加特。保时捷早期车型如图 2－1－40、图 2－1－41 所示，著名车型如图 2－1－42、图 2－1－43 所示。

图 2－1－40　保时捷 356

图 2－1－41　保时捷 911

图 2－1－42　保时捷 911 型跑车

图 2-1-43 保时捷 09 款运动车

（2）公司主要品牌及其车标。

保时捷汽车公司的标志（见图 2-1-44）采用斯图加特市的盾形市徽。中间的黑马表明斯图加特市早在 16 世纪就以盛产良马而闻名，上面有“STUTTGART”字样。

图 2-1-44 保时捷车标

三、法国汽车公司及其品牌

1. 标致雪铁龙集团

（1）概述。

标致雪铁龙集团是欧洲第二大汽车制造厂商。1976 年标致汽车公司吞并了历史悠久的雪铁龙公司，从而成为世界上一家以生产汽车为主，兼营机械加工、运输、金融和服务业的跨国工业集团，成为法国最大的汽车企业集团。

（2）标致汽车公司。

标致（Peugeot）汽车公司是法国最大的汽车公司，创始人是阿尔芒·标致。历史车型如图 2-1-45、图 2-1-46 所示，新车型如图 2-1-47 所示。目前标致汽车公司标志（见图 2-1-48）是一只站着的雄狮。

图 2－1－45　1889 年的标致三轮蒸汽车

图 2－1－46　1890 年的法国第一部汽油车

图 2－1－47　标致 307

图 2－1－48　标致车标

（3）雪铁龙汽车公司。

雪铁龙（Citroën）汽车公司是法国第三大汽车公司，它创立于 1915 年，创始人是安德烈·雪铁龙。车型如图 2－1－49 所示，车标如图 2－1－50 所示。

图 2－1－49　1919 年雪铁龙 A 型车

图 2－1－50　雪铁龙车标

2. 雷诺汽车公司

（1）概述。

雷诺汽车公司是法国第二大汽车公司，创立于 1898 年，创始人是被誉为“法国汽车工业之父”的路易斯·雷诺，早期车型如图 2－1－51 所示。

图 2－1－51 雷诺早期车型

（2）公司主要品牌及车标。

雷诺汽车公司旗下拥有雷诺（Renault）、达西亚（Dacia）等汽车品牌。主要车系有风景（Scene）（见图 2－1－52）、阿尔平（Alpine）、埃斯帕斯（Espace）、梅甘娜（Megane）（见图 2－1－53）等。

图 2－1－52 雷诺风景

图 2－1－53 雷诺梅甘娜

雷诺汽车的车标（见图 2－1－54）采用四重菱形图案，它象征雷诺三兄弟和汽车工业融为一体，表示雷诺能在无限（四维）的空间里竞争、生存和发展，又表示雷诺汽车的刚劲有力、加工尺寸精确，且与众不同。

图 2－1－54 雷诺车标

四、英国汽车公司及其品牌

1. 英国汽车发展概况

英国车一直被认为是代表着汽车工艺的极致以及品位、价值、豪华、典雅。英国的克鲁郡（Crewe）至今秉承着传统的造车艺术，经验丰富的工匠始终以手工进行装嵌。这些工匠绝大部分都有超过30年的丰富工作经验，造车技术代代相传，工艺千锤百炼，品质完美无瑕，处处流露出英国传统造车艺术的精髓：优雅、灵动、恒久、精练。

2. 莲花汽车公司

（1）概述。

莲花汽车公司是世界著名的运动跑车生产厂家，成立于1951年，创始人是安东尼·柯林·布鲁斯·查普曼（Anthtony Colin Bruce Chapman）。公司总部设在英国诺里奇市，年产汽车600辆左右。

（2）公司主要品牌及车标。

莲花汽车公司的主要产品有精灵（Esprit）、伊兰（Elan）、伊利斯（Elise）(见图2－1－55)、卓越（Excel）、Europe、Seven等运动跑车。

图2－1－55　英国莲花伊利斯跑车

莲花汽车公司的标志（见图2－1－56）是在莲花的花蕊上除了“LOTUS”的英文字母外，还有四个英文字母“CABC”重叠在一起而组成的图案，这是莲花公司创始人安东尼·柯林·布鲁斯·查普曼姓名全称的四个英文单词的首字母。莲花象征着纯洁和永恒。

图2－1－56　莲花车标

3.MG-Rover 汽车公司

威廉·莫里斯（Willian Morris）是英国汽车工业之父，1910 年成为莫里斯汽车（Morris Garages，MG，中文译为名爵）公司的老板。2000 年，MG 公司与英国路虎（Rover）汽车公司合并为 MG-Rover 公司，成为一家独立的英国汽车公司。该公司著名车型为名爵 TF 敞篷跑车（见图 2－1－57）。MG 车标（见图 2－1－58）中间是英文字母 MG，代表公司名，外框为八角形，象征着热情和忠诚。

图 2－1－57 名爵 TF 敞篷跑车

图 2－1－58 MG 车标

五、意大利汽车公司及其品牌

1. 菲亚特汽车公司

（1）概述。

1899 年 7 月 11 日，9 名意大利的企业家和皮埃蒙特贵族共同创建了意大利都灵汽车制造厂，简称菲亚特汽车制造厂，该厂是世界上最早生产小型轿车的汽车厂，至今仍以生产小型轿车为主。厂址设在意大利都灵市，主要创始人是乔瓦尼·阿涅利（Giovanni Agnelli），早期车型如图 2－1－59 所示。

图 2－1－59 菲亚特 500 型小轿车

目前菲亚特集团轿车品牌主要包括菲亚特（Fiat）、法拉利（Ferrari）、阿尔法·罗密欧（Alfa Romeo）、蓝旗亚（Lancia）、玛莎拉蒂（Maserati）等。

（2）公司主要品牌及车标。

1）菲亚特。

菲亚特汽车公司的标志和车标几经变迁。为了庆祝公司的100年诞辰，1999年菲亚特车标（见图2－1－60）统一更新为圆形图案，月桂枝树叶环绕FIAT，表示菲亚特汽车公司的成功、荣誉和辉煌。

图2－1－60　菲亚特车标

菲亚特汽车公司车型主要包括熊猫（Panda）（见图2－1－61）、乌诺（Uno）、克罗马（Croma）、西耶那（Siena）和派力奥（Palio）（见图2－1－62）等。

图2－1－61　菲亚特熊猫

图2－1－62　菲亚特派力奥

2）法拉利。

法拉利汽车公司是世界上最著名的赛车和运动跑车生产厂家之一，创建于 1929 年，最早是赛车俱乐部，即法拉利车队的前身。法拉利汽车公司的创始人是世界赛车冠军、汽车设计大师恩佐·法拉利。法拉利的代表车型有法拉利 F40 赛车（见图 2－1－63）、法拉利恩佐（Enzo）赛车（见图 2－1－64）。

图 2－1－63　法拉利 F40 赛车

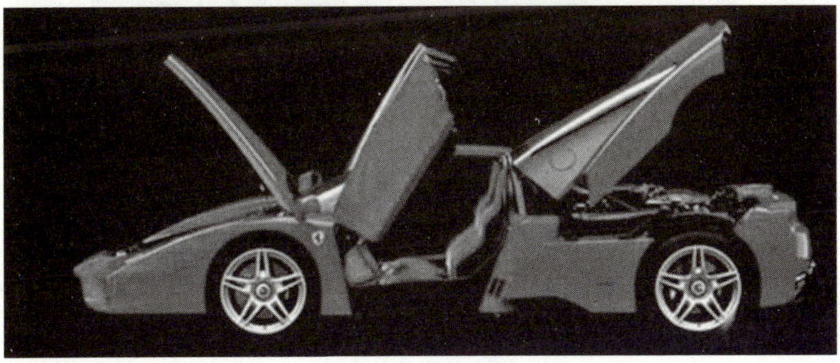

图 2－1－64　法拉利恩佐赛车

法拉利汽车的标志（见图 2－1－65）是一匹跃起的马。

图 2－1－65　法拉利车标

3）阿尔法·罗密欧汽车公司。

阿尔法·罗密欧汽车公司是意大利高级轿车、跑车和赛车的制造商，建于 1910 年，从 1946 年起使用阿尔法·罗密欧的名称，公司总部设在意大利北部工业城市米兰。历史车型有 1910 年生产的 Torpedo（见图 2－1－66）、1949 年生产的 Villa D'Este（见图 2－1－67）。

图 2-1-66　1910 年生产的 Torpedo

图 2-1-67　1949 年生产的 Villa D'Este

1984 年该公司并入菲亚特集团，生产车型主要有 145、146、147、155、156、斯派德（Spider）和流云（Novolari）等。

阿尔法·罗密欧汽车的标志（见图 2-1-68）于 20 世纪 30 年代初就开始使用，采用了将“ALFA ROMEO”置于米兰市的市徽外圈上半部的商标，主要是为了纪念中世纪米兰的领主维斯康泰公爵及其家族。

图 2-1-68　阿尔法·罗密欧车标

4）玛莎拉蒂汽车公司

玛莎拉蒂汽车公司最早由玛莎拉蒂家族四兄弟于 1914 年在意大利科隆纳创建，专门生产运动车，在欧洲具有很高的知名度。玛莎拉蒂运动车在造型设计上将自己的传统风格与流行款式相结合，其外观造型、机械性能、舒适性、安全性等各方面在运动车中都是一流的。玛莎拉蒂汽车公司的代表车型有玛莎拉蒂 Spyder（见图 2－1－69）、玛莎拉蒂双门 Coupe（见图 2－1－70）。

图 2－1－69　玛莎拉蒂 Spyder

图 2－1－70　玛莎拉蒂双门 Coupe

玛莎拉蒂车标（见图 2－1－71）为树叶形的底座置于一个椭圆中，其上放置一件三叉戟。相传这件兵器是罗马神话中的海神尼普顿（Neptune）（在希腊神话中被称为波塞冬海神）手中的武器。它显示出海神巨大无比的威力。这个商标也是公司所在地意大利博洛尼亚市的市徽。该商标表示玛莎拉蒂牌汽车就像浩渺无垠的大海咆哮澎湃，隐喻了玛莎拉蒂汽车飞速奔驰的潜力。

图 2－1－71　玛莎拉蒂车标

学习任务二

美洲车系

一、通用汽车公司

1. 概述

通用汽车公司（General Motors Corporation）是美国第一大汽车公司，也是世界上最大的汽车公司。它是由威廉·杜兰特（William Durant）于1908年9月在别克汽车公司的基础上，联合奥兹莫比尔、凯迪拉克和奥克兰（庞蒂亚克部）发展起来的，创立于美国的汽车城底特律。公司现总部仍设在底特律。

通用汽车公司在美国前五百家企业中居首位，在世界最大工业企业中位居第二。通用在北美拥有别克、凯迪拉克、雪佛兰、奥兹莫比尔、庞蒂亚克、土星、吉奥（GEO）和专门制造载货汽车的吉姆西（GMC）八个生产汽车的分部。另外，通用还拥有不少控股公司。

2. 公司主要品牌及其车标

目前通用汽车公司旗下主要汽车品牌包括凯迪拉克（Cadillac）、别克（Buick）、雪佛兰（Chevrolet）、奥兹莫比尔（Oldsmobile）、庞蒂亚克（Pontiac）、土星（Saturn）、悍马（Hummer）、吉姆西（GMC）、德国的欧宝（Opel）、瑞典的绅宝（Saab）、澳大利亚的霍顿（Holden）、韩国的大宇（Daewoo）和英国的沃克斯豪尔（Vauxhall）等。

通用汽车公司的标志（见图2－2－1）取自其英文名前两个单词的第一个字母。通用各车型标志都采用公司下属分部的标志。“GMC”图案标志则是通用汽车公司载货车的专用标志。

图2－2－1　通用汽车公司标志

（1）凯迪拉克汽车分部。

凯迪拉克汽车分部的前身是凯迪拉克汽车公司，由亨利·利兰得（Henry M. Leland）于1902年8月创建。1905年的凯迪拉克见图2－2－2。

图 2-2-2　1905 年的凯迪拉克

凯迪拉克旧车标选用“凯迪拉克”之名是为了向法国贵族、美国底特律城的创始人安东尼·门斯·凯迪拉克表示敬意。凯迪拉克旧车标和新车标如图 2-2-3 所示。凯迪拉克一向被认为是充分演绎美国精神和领袖风格的豪华轿车典范，其乘坐者的尊贵、沉稳、豪迈和权力，更使凯迪拉克成为一种权贵的象征。其历史代表车型有首款凯迪拉克 A 型汽车（见图 2-2-4）、1914 年生产的 V8 发动机的凯迪拉克（见图 2-2-5）、1931 年生产的 V16 轿车（见图 2-2-6）。

（a）旧车标　　（b）新车标

图 2-2-3　凯迪拉克旧车标和新车标

图 2-2-4　首款凯迪拉克 A 型汽车

图 2－2－5　1914 年生产的 V8 发动机的凯迪拉克

图 2－2－6　1931 年生产的 V16 轿车

目前凯迪拉克主要拥有以下汽车品牌：CTS——源于 Catera 轿车；STS——源于 SeVille 轿车；DTS——源于 DeVille 轿车；SRX——四驱 SUV；XLR——硬顶敞篷跑车；EXT——豪华皮卡。

（2）雪佛兰汽车分部。

雪佛兰汽车分部原为雪佛兰汽车公司。1909 年，通用汽车公司的创始人威廉·杜兰特邀请著名的瑞士赛车手兼工程师路易斯·雪佛兰（Louis Chevrolet）帮助他设计了一款面向大众的汽车雪佛兰·克尔维特（见图 2－2－7）。1911 年 11 月 3 日，以设计师名字命名的雪佛兰汽车公司应运而生。

图 2－2－7　雪佛兰·克尔维特

雪佛兰汽车标志（见图 2－2－8）由图形和文字两部分组成。1908 年，杜兰特在一次环球旅行途中，在一家巴黎酒店的墙纸上意外地发现了一个“金领结”图案，他认为这个图案可以作为汽车的标志，于是就撕下了墙纸的一角并展示给朋友们看。后来这个有趣的“金领结”图案就演变成了畅销全球的雪佛兰汽车的标志。

图 2－2－8　雪佛兰车标

（3）别克汽车分部。

苏格兰人大卫·别克（David Buick）于 1899 年在美国底特律创立了别克动力公司，1901 年创立了别克制造公司，开始生产一些小型的动力机械及双缸侧置气门船用发动机。1904 年生产的 Model B 别克汽车如图 2－2－9 所示。

图 2－2－9　1904 年生产的 Model B 别克汽车

别克汽车的车标（见图 2－2－10）是三把不同颜色（从左到右分别是红、白、蓝）并依次排列于不同高度位置上的利剑，给人一种积极进取、不断攀登的感觉，表示别克汽车采用顶级技术，也表示别克汽车分部培养出的人才个个游刃有余，是无坚不摧、勇于攀登的勇士。

图 2－2－10　别克汽车车标

（4）绅宝汽车分部。

绅宝（SAAB）也译为“萨博”。绅宝汽车分部脱胎于飞机制造企业，于 20 世纪 40 年代中期建厂，并于 1947 年推出了首部有领先科技水平的 SAAB92 型轿车（见图 2－2－11）。

图 2－2－11　SAAB92 型轿车

绅宝汽车最初的车标图案是在两个相互叠交的圆形内的上方有“SAAB”字样，下方有“SCANIA”字样，表示绅宝公司由“SAAB”和“SCANIA”两家公司联合而成；正中为一头戴着皇冠的“鹰头飞狮”。2001 年生产的绅宝汽车开始采用新车标。绅宝汽车新旧车标如图 2－2－12 所示。

（a）旧车标　　（b）新车标

图 2－2－12　绅宝汽车标志

绅宝汽车公司已于 2013 年 1 月倒闭。

（5）欧宝汽车分部。

欧宝汽车公司建于 1862 年，是以创建人亚当 · 欧宝（Adam Opel）的姓氏 Opel 命名的。从 1893 年开始，欧宝计划制造汽车。其早期车型——Lutzmann 如图 2－2－13 所示。

欧宝汽车标志（见图 2－2－14）为“闪电”图案，喻意欧宝汽车如风驰电掣，同时也喻示欧宝汽车公司在空气动力学方面的研究成就。

（6）悍马。

美国 AMG 公司以生产悍马（Hummer）汽车而扬名世界，1992 年，第一辆民用悍马汽车面世，立刻赢得了大众的青睐。如今，通用汽车公司已从生产悍马汽车的 AMG 公司那里取得了悍马汽车的商标使用权和生产权，悍马 H2 SUV 如图 2－2－15 所示。

图 2－2－13　1899 年生产的欧宝专利车型 Lutzmann

图 2－2－14　欧宝汽车标志

图 2－2－15　悍马 H2 SUV

悍马汽车标志（见图 2－2－16）为其英文名称（HUMMER），即一匹彪悍的马。

图 2－2－16　悍马汽车标志

二、福特汽车公司

1. 概述

1896 年 6 月 14 日，亨利·福特（Henry Ford）推出了他的第一辆汽车（见图 2－2－17），1903 年 6 月 16 日，福特汽车公司成立，总部设在美国底特律市。福特汽车公司是以生产汽车为主，业务范围涉及电子、航空、钢铁和军工等领域的综合性跨国垄断工业集团。

图 2－2－17　福特的第一辆汽车

1908 年，亨利・福特及其伙伴将奥尔兹、利兰以及其他人的设计和制造思想结合起来，生产出了一种新型汽车——T 型车（见图 2－2－18）。

图 2－2－18　福特 T 型车

福特的流水生产线如图 2－2－19 所示。

图 2－2－19　福特的流水生产线

2. 公司主要品牌及车标

历经了一个多世纪的风雨沧桑，今天的福特汽车公司仍然是全球最大的卡车制造商和第二大汽车公司。目前，福特汽车公司拥有八大汽车品牌：福特（Ford）、林肯（Lincoln）、水星（Mercury）、阿斯顿·马丁（Aston Martin）、美洲豹（Jaguar）、马自达（Mazda）、沃尔沃（Volvo）和路虎（LandRover）。

（1）福特（Ford）。

福特汽车公司的标志（见图 2－2－20）采用创始人亨利·福特名字中的“Ford”字样，蓝底白字。

图 2－2－20　福特车标

（2）林肯、水星分部。

林肯和水星两个汽车品牌隶属于福特汽车林肯－水星部分。

林肯是福特汽车公司拥有的第二个品牌。林肯汽车公司由亨利·利兰德（Henry Leland）于 1917 年 8 月创立。水星品牌是福特汽车公司自创的第二个品牌。林肯·大陆加长型总统级轿车如图 2－2－21 所示。

图 2－2－21　林肯·大陆加长型总统级轿车

林肯汽车标志（见图 2－2－22）是由一颗闪闪发光的辰星和一个近似矩形的外框组成的图案。它表示林肯总统是美国联邦统一和废除奴隶制的启明星，也喻意林肯轿车有着光辉灿烂的明天。

水星汽车标志（见图 2－2－23）采用太阳系的水星作为图案，一个圆中有 3 条行星轨道，表明水星汽车具有太空科技和超时空创造力。

图 2－2－22　林肯车标

图 2－2－23　水星车标

（3）美洲豹汽车分部。

美洲豹（Jaguar）汽车公司原是英国利兰（Leyland）汽车公司的分部，素以生产豪华的美洲豹运动车而闻名于世。其代表车型有 XK140 敞篷车（见图 2－2－24）、美洲豹 2004 款 S 型（见图 2－2－25）。

图 2－2－24　XK140 敞篷车

图 2－2－25　美洲豹 2004 款 S 型

美洲豹汽车公司标志最早出现在美洲豹运动车上，它是一只扑跃向前的美洲豹金属雕像，矫健而勇猛，安放在车头上，象征着速度与力量。后来又出现一种美洲豹的浮雕头像，头像中的美洲豹怒目咆哮，盛气凌人，成为美洲豹运动车的另一种标志，它体现了该车的名贵和公司的雄心勃勃。上述两种车标如图 2－2－26 所示。

（a）美洲豹金属雕像　　（b）美洲豹浮雕

图 2－2－26　美洲豹车标

（4）阿斯顿·马丁汽车分部。

阿斯顿·马丁（Aston Martin）汽车公司是由奥斯顿、马丁和拉贡达三家公司合并而成的，以生产敞篷旅行车、赛车和限量版跑车闻名世界。该公司生产的赛车在国际赛车领域名气很大，曾多次获得国际汽车大赛的冠军。其代表车型如图 2－2－27 所示。

图 2－2－27　2006 款阿斯顿·马丁 Vantage

阿斯顿·马丁·拉贡达汽车标志（见图 2－2－28）为一只展翅飞翔的大鹏，分别注有 Aston Martin、Lagonda 英文字样。飞翔的大鹏展翅车标喻示公司像大鹏一样，具有从天而降的冲刺速度和远大的志向。

图 2－2－28　阿斯顿·马丁·拉贡达汽车标志

（5）路虎分部。

路虎（Rover）汽车公司的前身是建于 1884 年的自行车制造厂，生产自行车时就以路虎为商标名。1904 年该公司生产汽车，仍以“路虎”为汽车品牌。1966 年路虎汽车公司并入英国利兰汽车公司，成为利兰公司的美洲虎－路虎－凯旋部，1988 年被英国宇航公司收购，1989 年正式更名为路虎集团。2000 年 3 月，福特汽车公司向宝马集团支付 30 亿欧元（27 亿美元），以购买其所有四轮驱动系列产品。

路虎车标（见图 2－2－29）图案为一艘海盗船，张开的红帆象征着公司乘风破浪、所向披靡的大无畏精神。

图 2－2－29　路虎车标

兰德·路虎是全球著名的越野汽车，标志是英文“LAND ROVER”。整个标志（见图 2－2－30）的主色调为绿色与乳白色，椭圆的外形，象征我们生活着的地球。3 个环象征完美，有一种向外延伸的动感，内部有“LAND ROVER”字样，乳白色凸显于绿色之中，给人一种纯净、素洁的感觉，而绿色的背景，由左上至右下由明到暗渐变，展现出它独特的立体感，整个车标柔和、自然。

图 2－2－30　兰德·路虎越野车车标

（6）沃尔沃汽车公司。

沃尔沃汽车公司是北欧最大的汽车企业，也是瑞典最大的工业企业集团，世界二十大汽车公司之一。该公司创立于 1924 年，创始人是古斯塔夫·拉尔松和阿萨尔·加布里尔松。1964 年生产的沃尔沃汽车如图 2－2－31 所示。

图 2－2－31　1964 年生产的沃尔沃汽车

沃尔沃集团的名称“VOLVO”来源于拉丁文，也译为“富豪”。它的车标如图 2－2－32 所示。

1999 年，沃尔沃集团将旗下的沃尔沃轿车业务出售给美国福特汽车公司。2010 年，中国汽车企业浙江吉利控股集团从福特手中购得沃尔沃轿车业务，并获得沃尔沃轿车品牌的所有权。

图 2－2－32　沃尔沃车标

（7）马自达汽车公司。

马自达（Mazda）汽车公司原是日本的汽车公司，创立于 1920 年，当时称为东洋软木工业株式会社。1979 年，福特购买了马自达汽车公司25%的股份，1996年将拥有的股份扩大至33.4%，控股马自达。马自达家庭用车如图2-2-33所示。

图2-2-33　马自达家庭用车

（8）福特野马部。

福特野马（Mustang）汽车是由福特汽车公司原总裁李·艾克卡（Lee Iacocca）在20世纪60年代初亲自主持研发的，属于运动型轿车，个性突出，深受年轻人的喜爱。车标（见图2-2-34）所示的野马是墨西哥和美国加利福尼亚州出产的一种名马，它身强力壮，善于奔跑，喻意该车的速度极快。

眼镜蛇跑车是由野马跑车改装而成的。福特公司有一个“特别车队”（英文缩写SVL），专门为满足某些顾客的特殊需要而工作，眼镜蛇跑车就是“特别车队”在1996年的杰作，该车限量生产7500辆，具有较高的艺术收藏价值。该车上的野马车标仍在前部，而眼镜蛇车标（见图2-2-35）则在车的两侧，像是眼镜蛇在追击野马，野马不得不疾驰。

图2-2-34　福特野马车标

图2-2-35　福特眼镜蛇车标

三、克莱斯勒汽车公司

克莱斯勒（Chrysler）汽车公司是美国第三大汽车公司，由沃尔特·克莱斯勒（Walter Chrysler）在麦克斯韦尔（Maxwell）汽车公司的基础上，于1925年6月6日创立的。该公司在全世界许多国家设有子公司，是一个跨国汽车公司。克莱斯勒车标及代表车型克莱斯勒 300C 豪华级大型轿车如图 2-2-36 和图 2-2-37 所示。

图 2-2-36 克莱斯勒车标

图 2-2-37 克莱斯勒 300C 豪华级大型轿车

1928 年 7 月，克莱斯勒汽车公司收购了道奇（Dodge）汽车公司，成立了道奇部。后来麦克斯韦尔汽车公司被改建为克莱斯勒汽车公司普利茅斯（Plymouth）部，余下的克莱斯勒品牌部分成立了克莱斯勒部。1929 年克莱斯勒汽车公司已经成为美国三大汽车公司之一。

克莱斯勒汽车公司主要拥有克莱斯勒（Chrysler）、道奇（Dodge）、普利茅斯（Plymouth）和吉普（Jeep）等汽车品牌。

学习任务三

日韩车系

一、日本品牌

1. 丰田

丰田汽车公司（Toyota Motor Corporation）简称丰田（TOYOTA），是一家总部设在日本爱知县丰田市和东京都文京区的日本汽车制造公司，隶属于三井财阀。

丰田车标如图 2－3－1 所示。

图 2－3－1　丰田车标

丰田成立于 1937 年，是目前世界排名第一的汽车生产公司，是第一个达到年产量千万台以上的车厂。丰田亦是雷克萨斯、斯巴鲁品牌的母公司及富士重工的最大股东。2016 年位居《财富》世界 500 强第 8 位。

国内合资企业：一汽丰田、广汽丰田。

2. 本田

本田（Honda）株式会社（本田技研工业株式会社）是世界上最大的摩托车生产厂家，汽车产量和规模也在世界十大汽车厂家之列。本田株式会社于 1948 年创立，创始人是传奇式人物本田宗一郎。公司总部在东京，雇员总数达 18 万人。现在，本田公司已是一个跨国汽车、摩托车生产销售集团。它的产品除汽车、摩托车外，还有发电机、农机等动力机械产品。

国内合资企业：东风本田、广汽本田。

本田车标如图 2－3－2 所示。

图 2－3－2　本田车标

3. 日产

日产（NISSAN，车标见图 2－3－3）是日本的一家汽车制造商，1933 年在神奈川县横滨市创立，目前在 20 多个国家和地区（包括日本）设有汽车制造基地，并在全球 160 多个国家和地区提供产品和服务。公司经营范围包括汽车产品和船舶设备的制造、销售和相关业务。1999 年，雷诺与日产汽车结成独立的合作伙伴关系，在广泛领域展开战略性合作，日产汽车通过联盟将事业区域拓展至全球，其经济规模大幅增长。

国内合资企业：东风日产，郑州日产。

日产车标如图 2－3－3 所示。

图 2－3－3　日产车标

4. 马自达

马自达（MAZDA）是一家日本汽车制造商，总部设在日本广岛，主要销售市场包括亚洲、欧洲和北美洲。马自达是日本最著名的汽车品牌之一、日本第四大汽车制造商，是世界著名汽车品牌，是世界上唯一研发和生产转子发动机的汽车公司。马自达公司创立于 1920 年，1931 年正式开始在广岛生产小型载货车，20 世纪 60 年代初正式生产轿车，自 1981 年至 2002 年，马自达累计生产了 3 500 多万辆各种汽车。在 20 世纪 90 年代之前，马自达汽车公司在日本国内排名仅在丰田、本田、日产之后，也是世界知名的汽车品牌之一。

国内合资企业：一汽马自达、长安马自达。

马自达车标如图 2－3－4 所示。

图 2－3－4　马自达车标

5. 铃木

铃木（SUZUKI）是一家日本的汽车制造企业。铃木公司成立于 1920 年，1952 年开始生产摩托车，1955 年开始生产汽车，以生产微型汽车为主。通用持有铃木 10% 的股权。铃木于 1984 年首次提供技术给我国市场，也是最早进入我国市场的日本汽车公司之一。铃木商标图案中的“S”是“SUZUKI”的第一个大写字母（见图 2－3－5），它给人以无穷力量的感觉，象征无限发展的铃木汽车公司。

图 2－3－5　铃木车标

国内合资企业：长安铃木、昌河铃木。

6. 三菱汽车

三菱汽车是日本的一家跨国汽车制造商，总部在东京港区，在 1970 年从三菱重工业的自动车制造部门独立。该公司主要生产私家车及轻型商用车辆，隶属于三菱集团旗下企业三菱重工业公司。三菱汽车公司于 1970 年从三菱重工业公司中独立出来，是日本汽车行业中最年轻的汽车制造公司。2016 年 10 月 20 日，日产正式宣布已成功收购三菱汽车 34% 的股权，成为三菱汽车的最大股东。

国内合资企业：东南三菱、广汽三菱。

三菱汽车的车标如图 2－3－6 所示。

图 2－3－6　三菱车标

7. 斯巴鲁

斯巴鲁（Subaru）是富士重工业株式会社旗下一家专业从事汽车制造的公司，成立于 1953 年，最初主要生产汽车，同时也制造飞机和各种发动机，是生产多种类型、多用途运输设备的制造商。

斯巴鲁汽车的标志采用六连星的形式，如图 2－3－7 所示。

图 2－3－7　斯巴鲁车标

8. 雷克萨斯

雷克萨斯（LEXUS）是日本丰田集团旗下的豪华汽车品牌。该公司创立于 1983 年，仅仅用了十几年的时间，在北美地区的销量便超过了奔驰、宝马。

雷克萨斯车标如图 2－3－8 所示。

图 2－3－8　雷克萨斯车标

9. 英菲尼迪

英菲尼迪（Infiniti）是日产汽车公司旗下的豪华车品牌，于 1989 年诞生于北美地区。凭借前卫的设计、出色的产品性能和贴心的客户服务，英菲尼迪迅速成为全球豪华汽车市场上最重要的品牌之一。

国内合资企业：东风英菲尼迪。

英菲尼迪车标如图 2－3－9 所示。

图 2－3－9　英菲尼迪车标

10. 讴歌

讴歌（Acura）是日本本田汽车公司旗下的高端子品牌，于 1986 年在美国创立，其名称 Acura 源于拉丁语 Accuracy（精确），标志为一个用于工程测量的卡钳形象（见图 2－3－10），反映出讴歌精湛的造车工艺与追求完美的理念。作为第一个日系豪华汽车品牌，讴歌以个性化和前瞻科技的“运动豪华”理念对豪华车的概念进行了重新诠释，品牌一经推出即在北美市场获得了巨大的成功。讴歌的车型均在北美进行设计、开发和生产，产品线丰富。讴歌品牌于 2006 年 9 月 27 日正式登陆中国市场。

国内合资企业：广汽讴歌。

讴歌车标如图 2－3－10 所示。

图 2－3－10　讴歌车标

二、韩国品牌

1. 现代

现代（Hyundai）汽车是世界 500 强车企现代汽车旗下的汽车品牌。20 世纪 60 年代中后期，韩国经济开始高速发展，汽车市场即将迎来繁荣，现代集团果断决定开始汽车的生产。1967 年 12 月 29 日，现代汽车株式会社正式注册。当时，韩国只有起亚以及大宇的前身——Shinjin 两家汽车制造商。最初，没有经验的现代汽车选择福特作为合作伙伴，以技术许可的方式生产福特 Contina。不久之后，将汽车看作国家一大支柱产业的韩国政府开始要求汽车生产商提高国产化比例，福特借此机会不断在合资建厂的股权比例问题上向现代施压，两家的合作关系随即破裂。现代转而向三菱寻求技术合作，并开始研发自主车型。

国内合资企业：北京现代。

现代车标如图 2－3－11 所示。

图 2－3－11　现代车标

2. 起亚

起亚（Kia）是一家韩国跨国汽车制造商，成立于 1944 年，最初称“京城精密工业”，1952 年改称“起亚工业”。“起亚”二字寓意“起于亚洲”或“亚洲崛起”。2000 年起亚并入现代汽车，形成现代起亚汽车集团。

国内合资企业：东风起亚。

起亚车标如图 2－3－12 所示。

图 2－3－12　起亚车标

3. 双龙

双龙（SSANGYONG）汽车公司隶属于韩国双龙集团，是以制造四轮驱动汽车为主，并生产大型客车、特种车、汽车发动机及零配件的著名汽车制造企业。其前身为创立于 1954 年的东亚汽车公司，1986 年 10 月并入双龙集团，1988 年 3 月更名为双龙汽车公司。以犀牛牌四轮驱动吉普车和柯兰多牌家用型吉普车为代表的双龙汽车已出口到欧洲、亚洲、中南美洲及非洲等 60 多个国家和地区。双龙汽车从专门生产四轮驱动越野车和特种车起家，后与德国奔驰汽车公司合资，引进先进技术，发展成为综合性的汽车制造企业。

双龙车标如图 2－3－13 所示。

图 2－3－13　双龙车标

4. 大宇

大宇（DAEWOO）是 1967 年由金宇中创建的汽车公司，它是韩国大宇集团的骨干企业。大宇与美国通用汽车公司关系密切，在创业之初便与通用合作生产轿车和八吨以上货车及大客车。大宇以出口为目标，是韩国最早出口汽车的企业。

大宇车标如图 2－3－14 所示。

图 2－3－14　大宇车标

学习任务四

中国车系

一、上汽集团

上汽集团是我国汽车龙头，拥有全球最完整的新能源产品型谱，包括插电混动车、纯电动车和氢燃料车型；上汽集团自研的燃料电池系统技术性能已可比肩全球领先水平，相关技术均已率先实现产品化落地。

上汽集团已自主掌控国内领先的三电（电池、电驱、电控系统）核心技术；对新一代锂电池、固态电池、IGBT 电驱动模块等关键技术实现了全球布局。2020 年国内车企研发投入排行榜上汽集团排第一。2020 年，上汽集团全年销售整车 560 万辆，连续 15 年销量保持国内第一。其中，上汽自主品牌销售 260 万辆，在总销量中占比达到 46.4%；新能源汽车销量为 32 万辆，海外市场销量为 39 万辆，实现全面领跑。2021 年 8 月，上汽集团以上一年度 1075.552 亿美元的合并销售收入，名列《财富》杂志世界 500 强第 60 位，已经连续 8 年进入百强名单，在此次上榜的全球汽车企业中名列第 8。上汽集团所属主要整车企业包括乘用车分公司、上汽大通、智己汽车、飞凡汽车、上海大众、上海通用、上汽通用五菱、南京依维柯、上汽红岩、上海申沃等。

上汽集团整车品牌如图 2－4－1 所示。

图 2－4－1　上汽集团整车品牌

上汽集团标志如图 2－4－2 所示。

图 2－4－2　上汽集团标志

二、东风汽车集团

东风汽车股份有限公司由东风汽车公司于 1998 年独家发起。2003 年东风汽车公司与日本日产汽车公司全面、深度合作，组建了国内汽车行业最大的合资公司——东风汽车有限公司，东风汽车股份有限公司的控股股东变更为东风汽车有限公司。公司总部位于武汉市。东风汽车股份有限公司主要有汽车分公司、铸造分公司、车厢分公司、常州东风汽车有限公司四个分公司。东风系列轻型商用车的产销量处于行业第二。公司持有 50% 股份的东风康明斯发动机有限公司，产品涵盖 B、C、L 系列 4 ～ 9 升机械式和全电控柴油发动机，功率范围 100 ～ 545 马力，技术上与欧美市场同步，是我国目前最大的中重型动力生产基地。公司持有 50% 股份的郑州日产汽车有限公司为我国目前最大的高端皮卡生产基地。公司持有 90% 股份的东风襄阳旅行车有限公司生产销售客车底盘及系列客车，其中客车底盘销量位居国内行业第一。

东风汽车集团品牌如图 2－4－3 所示。

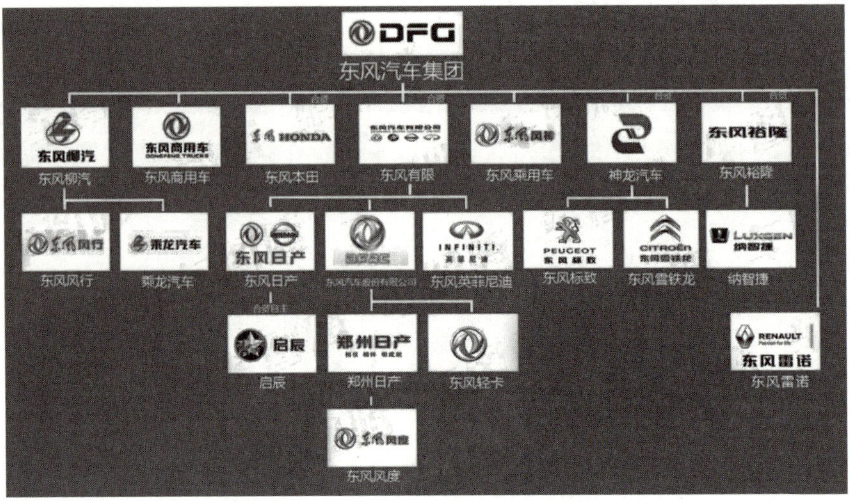

图 2－4－3　东风汽车集团品牌

东风汽车集团标志如图 2－4－4 所示。

东风汽车
DONGFENG MOTOR

图 2－4－4　东风汽车集团标志

三、中国第一汽车集团

中国第一汽车集团有限公司（简称“一汽集团”“中国一汽”“一汽”）位于吉林省长春市绿园区，前身为第一汽车制造厂，由毛泽东主席亲笔题写厂名，于 1953 年 7 月 15 日奠基。经过六十多年的发展，中国一汽已成为年产销 300 万辆级的国有大型汽车企业集团，产销总量始终位列行业第一阵营。业务领域包括汽车的研发、生产、销售、物流、服务、汽车零部件、金融服务、汽车保险、移动出行等。一汽直接运营红旗品牌，同时拥有自主品牌一汽解放、一汽奔腾等。在科技创新方面，一汽拥有国家重点实验室和博士后工作站。近十年来，一汽科技研发成果累计获得国家及行业奖项 150 多个，“解放第六代重型系列商用车及柴油机自主开发”项目荣获国家科技进步一等奖。在自主发展方面，“红旗”“解放”品牌价值在国内自主轿车和自主商用车中始终保持第一。“红旗”L 系列成为国家重大活动指定用车，彰显了国车风范。H 系列在细分市场增长迅速。“解放”中重型卡车市场份额保持行业第一。“奔腾”是我国主流汽车市场的中高端品牌。新能源汽车已经量产，红旗 E-HS3、奔腾 E01 和红旗 E-HS9 等纯电动车型已投放市场。在开放合作方面，一汽与大众、丰田等跨国汽车企业建立了长期战略合作关系；一汽积极参与“一带一路”建设，海外建厂 1 个，授权 KD 组装厂 12 个，业务覆盖 48 个国家。一汽与地方政府、高校、企业、金融和科研等单位开展了全方位和深层次的战略合作。

中国一汽集团品牌如图 2－4－5 所示。

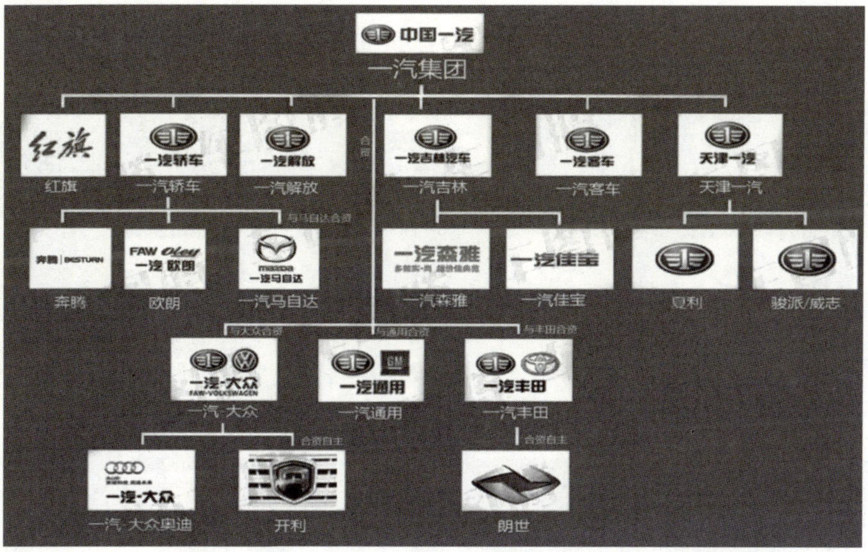

图 2－4－5　中国一汽集团品牌

中国一汽集团的标志如图 2－4－6 所示。

中国一汽
FAW GROUP

图 2－4－6　中国一汽集团标志

四、广汽集团

广州汽车集团股份有限公司（简称“广汽集团”）的前身是成立于 1997 年 6 月的广州汽车集团有限公司，2005 年 6 月 28 日，由广州汽车工业集团有限公司、万向集团公司、中国机械工业集团有限公司、广州钢铁企业集团有限公司、广州市长隆酒店集团有限公司作为共同发起人，对原广州汽车集团有限公司进行股份制改造，以发起方式设立的大型国有控股股份制企业集团，是我国汽车行业首家在集团层面引入多家合资伙伴进行改制设立股份公司的企业。

2017年，广汽集团汽车的产销量分别达201.7和200.1万辆，同比增长21.54%和21.27%；营业总收入为3397.73亿元，同比增长23.21%。2018年《财富》世界500强排行榜中，广汽集团位居第202名，比2017年排名上升36位。广汽集团旗下拥有广汽乘用车、广汽本田、广汽丰田、广汽三菱、广汽吉奥、本田（中国）、广汽客车、广汽日野、广汽部件、广汽丰田发动机、广汽商贸、广爱公司、同方环球、中隆投资、广汽汽研院等数十家知名企业。

广汽集团品牌如图2-4-7所示。

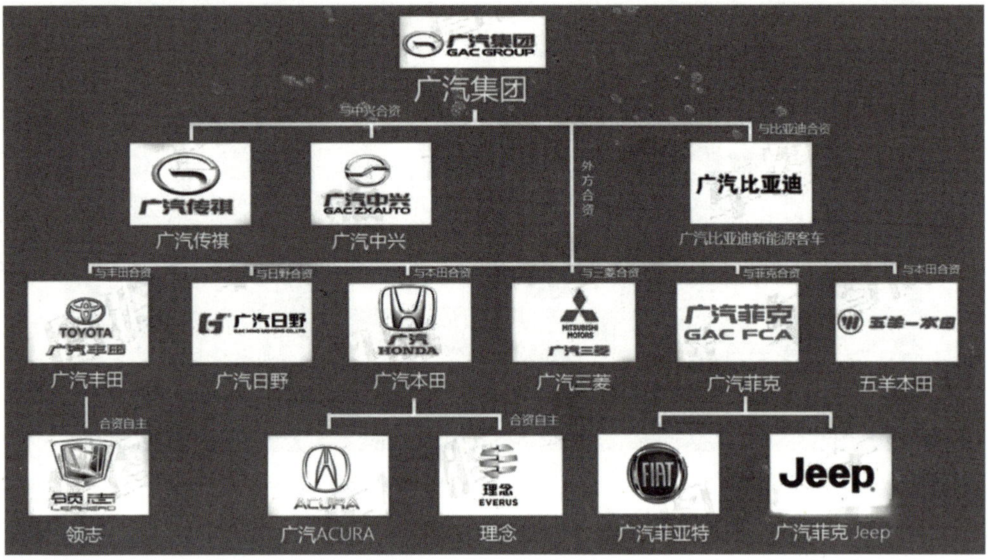

图2-4-7　广汽集团品牌

广汽集团标志如图2-4-8所示。

图2-4-8　广汽集团标志

五、北汽集团

北京汽车集团有限公司（简称“北汽集团”）是中国汽车行业的骨干企业，成立于1958年，总部位于北京，业务涵盖整车及零部件研发与制造、汽车服务贸易、综合出行服务、金融与投资等，是国有大型汽车企业集团，位列 2020 年《财富》世界 500 强第 134 位。自 1958 年北京汽车制造厂生产出第一辆自主研发汽车——“井冈山”牌轿车以来，北汽集团先后自主研制生产了我国第一代轻型越野车 BJ212 和第一代轻型载货车 BJ130，建立了中国汽车工业第一家整车制造合资企业——北京吉普汽车有限公司，中国加入世界贸易组织以后第一家整车制造合资企业——北京现代汽车有限公司，以及全面深化战略合资合作的典范——北京奔驰汽车有限公司，在对外开放、转换机制、吸收外资、引进技术和运用社会资本方面走在行业前列，为我国汽车工业发展作出了积极贡献。

北汽集团旗下拥有北京汽车、北汽越野车、昌河汽车、北汽新能源、北汽福田、北京现代、北京奔驰等知名企业与研发机构。以北京为中心，北汽集团在全国十余个省市建立了自主品牌乘用车整车基地、自主品牌商用车整车基地、新能源整车基地、合资品牌乘用车等基地。北汽集团的研发体系布局全球 5 国 7 地，在 30 多个国家和地区建立了整车及散件组装工厂，市场遍布全球 80 余个国家和地区。

北汽集团品牌如图 2－4－9 所示。

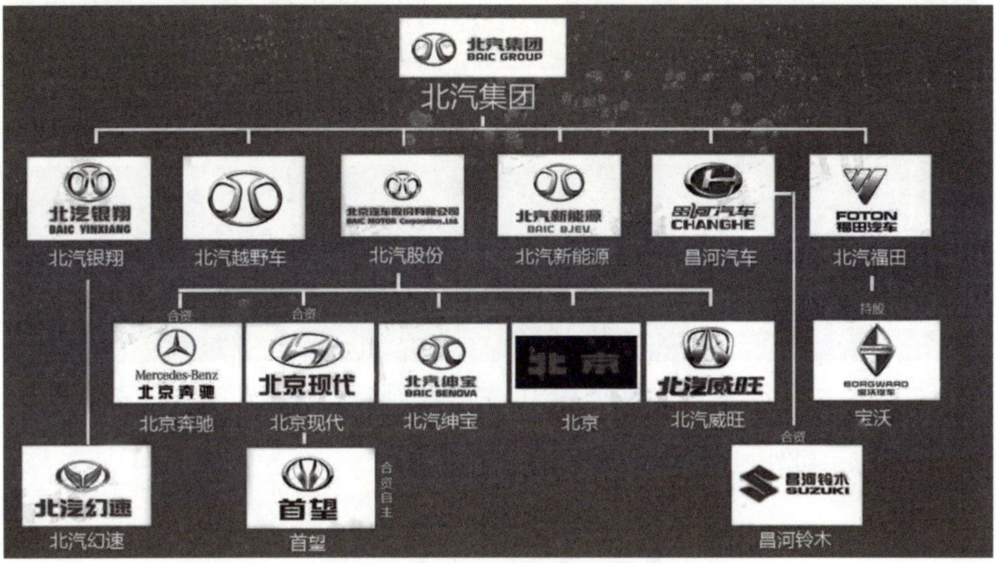

图 2－4－9　北汽集团品牌

北汽集团标志如图 2－4－10 所示。

图 2－4－10　北汽集团标志

六、吉利汽车集团

吉利汽车集团隶属于浙江吉利控股集团，总部位于浙江杭州，在浙江台州和宁波、湖南湘潭、四川成都、陕西宝鸡、山西晋中等地建有汽车整车和动力总成制造基地，并在白俄罗斯等国家和地区建有海外工厂。吉利汽车集团是我国领先的汽车制造商，立志成为最具竞争力和受人尊敬的汽车品牌。吉利汽车集团旗下现拥有吉利汽车品牌、领克品牌和几何品牌，拥有宝腾汽车 49.9% 的股份及全部经营管理权，以及豪华跑车品牌路特斯 51% 的股份。

吉利集团品牌如图 2－4－11 所示。

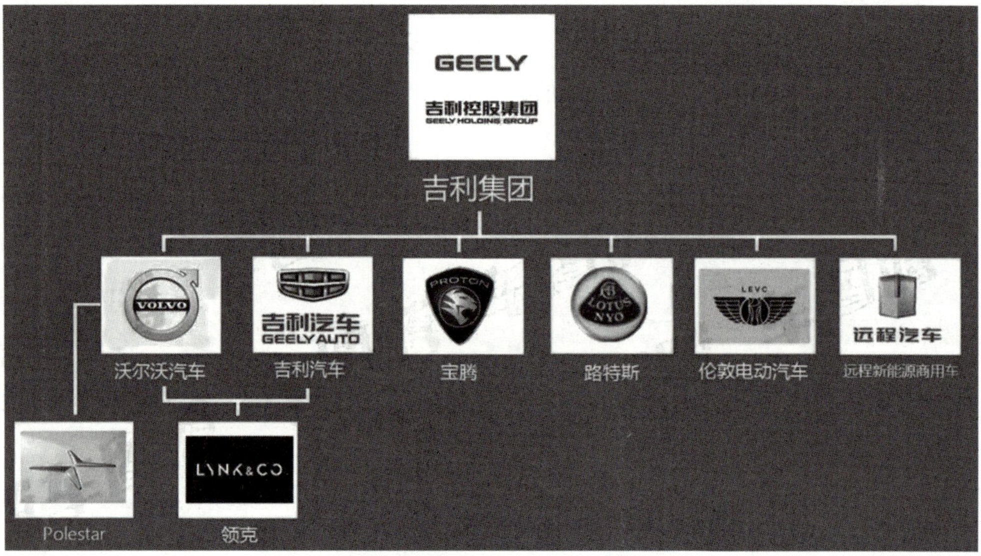

图 2－4－11　吉利集团品牌

吉利汽车标志如图 2－4－12 所示。

图 2－4－12　吉利汽车标志

七、中国长安汽车集团

中国长安汽车集团有限公司（简称“中国长安”）原名中国南方工业汽车股份有限公司，成立于 2005 年 12 月，2009 年 7 月 1 日更名为中国长安汽车集团股份有限公司，是中国兵器装备集团有限公司对旗下汽车产业进行整合优化成立的一家特大型企业集团，是我国四大汽车集团之一，总部设在北京。2014 年，长安系中国品牌汽车产销累计突破 1000 万辆。2018 年 4 月，长安汽车正式对外发布创新创业计划，以打造世界一流汽车企业为目标，向智能出行科技公司转型。国家发改委公布的国家认定企业技术中心 2017—2018 年评价结果中，长安汽车以 96.4 分位列全国第三、行业第一，研发实力连续 5 届 10 年位居我国汽车行业第一。在中国汽车工程学会科技奖励工作委员会发布的 2018 年中国汽车工业科学技术奖终评中，长安汽车夺得 9 项大奖，获奖总数排汽车行业第一。2020 年《财富》中国 500 强中，重庆长安汽车股份有限公司排名第 146 位。

长安集团品牌如图 2－4－13 所示。

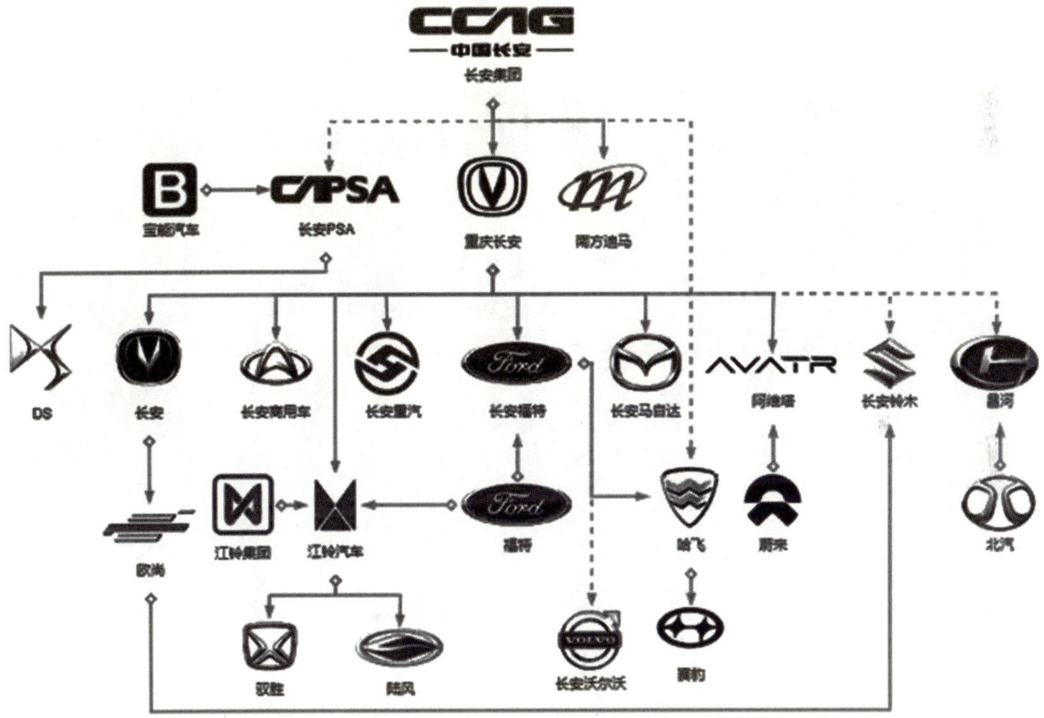

图 2－4－13　长安集团品牌

长安汽车标志如图 2－4－14 所示。

长安汽车

CHANGAN AUTO

图 2－4－14　长安汽车标志

八、奇瑞汽车

奇瑞汽车股份有限公司成立于 1997 年 1 月 8 日，注册资本 41 亿元。公司以打造“国际品牌”为战略目标，经过二十多年的创新发展，现已成为国内最大的集汽车整车、动力总成和关键零部件的研发、试制、生产和销售为一体的自主品牌汽车制造企业，以及中国最大的乘用车出口企业。奇瑞公司现有乘用车公司、发动机公司、变速箱公司、汽车工程研究总院、规划设计院、试验技术中心等生产、研发单位，具备年产整车 90 万辆、90 万台（套）发动机和变速箱的生产能力，建立了 A00、A0、A、B、SUV 五大乘用车产品平台，上市产品覆盖 11 个系列共 21 款车型。奇瑞以“安全、节能、环保”为产品发展目标，先后通过 ISO 9001、德国莱茵公司 ISO/TS 16949 等国际质量体系认证。

奇瑞集团品牌如图 2－4－15 所示。

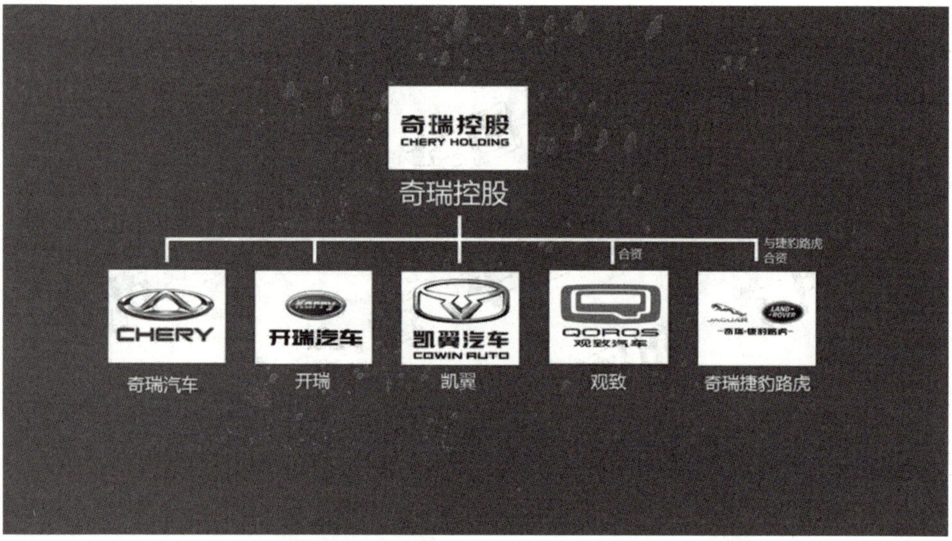

图 2－4－15　奇瑞集团品牌

奇瑞汽车标志如图 2－4－16 所示。

图 2－4－16　奇瑞汽车标志

重点回顾

本单元主要介绍了欧洲、美国、日韩和中国汽车品牌的企业发展历程和车标文化。

学后测评

请说出图 2-4-17 中车标的名称。

图 2-4-17　车标

学生反思

面对众多世界汽车品牌，中国自主品牌如何提高竞争力？

模块三 汽车认识

导读

汽车的主要作用是代步、载人、运输等。汽车方便了人们的生活，带动了很多产业的发展，提高了民众的生活质量等。那么，什么是汽车？有什么样的汽车？汽车的结构是怎样的？

学习目标

知识目标

1. 理解汽车的定义。
2. 了解汽车的类型。
3. 了解汽车的简单结构。

能力目标

1. 会分析不同类型汽车的作用。
2. 明白汽车的结构和工作原理。

素质目标

1. 激发学生对汽车的兴趣。
2. 培养学生的工匠精神。

学习任务一

汽车概念

汽车的英文表达有多种，如 Automobile、Motor、Vehicle、Car、Truck、Bus 等，但最能反映汽车本质特征的英文表达是“ Automobile”，即依靠自身动力移动的装置。日文的汽车为“自动车”，与英文“ Automobile”的本意是一致的。汉语本来没有“汽车”这个词，曾把它称为“火轮车”，后来才称“汽车”，这种叫法也许是源于早期的汽车是由蒸汽机驱动之故。

GB/T 3730.1－2001《汽车和挂车类型的术语和定义》是这样定义汽车的：由动力驱动，具有四个或四个以上车轮的非轨道承载的车辆，主要用于：载运人员和（或）货物；牵引载运人员和（或）货物的车辆；特殊用途。

根据这一汽车定义，我国汽车产品具有以下特征：

（1）由动力装置驱动。这里所说的动力装置，可以是各种发动机，也可以是电机，但人力车、畜力车不能算作汽车。

（2）具有四个或四个以上的车轮。两轮摩托车和三轮机动车不属于汽车的范畴，但整车整备质量超过 400kg 的三轮车辆可作为汽车对待。

（3）不依靠轨道承载。有轨电车不属于汽车，但与电力线相连的车辆如无轨电车属于汽车。

（4）用作载运人员和（或）货物及牵引挂车或特殊用途。有些进行特种作业的轮式机械，如轮式推土机、铲运机、叉式起重机以及农田作业用的轮式拖拉机等，尽管也具有汽车的基本特征，但由于其主要用途不是运输，因此将它们分别划入工程机械和农业机械的范畴。

学习任务二

汽车分类

汽车种类繁多，一般可按用途、动力装置种类及所用燃料、标准分类。

一、按用途分类

首先看一下旧分类的相关情况。旧分类是 1988 年依照 GB/T 3730.1－88 制定的，分为三大类，即轿车、客车和载货汽车等，各类按照不同的划分标准进行了细分类，具体如下。

1. 轿车

（1）轿车按发动机排量可分类如下：

1）微型轿车：排量为 1.0L 以内的轿车。

2）普通轿车：排量为 1.0 ～ 1.6L 的轿车。

3）普通轿车：排量为 1.6 ～ 2.5L 的轿车。

4）普通轿车：排量为 2.5 ～ 4.0L 的轿车。

5）高级轿车：排量在 4.0L 以上的轿车。

（2）轿车按结构可分类如下：

图 3－2－1（a）为普通轿车示意图，图 3－2－1（b）为高级轿车示意图，图 3－2－1（c）为旅行轿车示意图。轿车的座位数（含汽车驾驶员的座位）应在 9 座以下，超过 9 座的为客车。

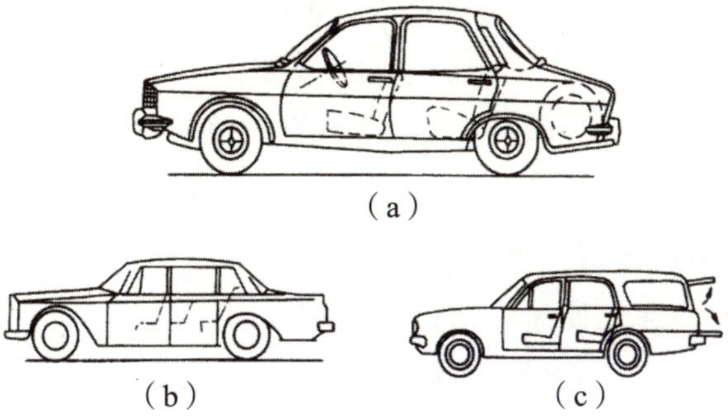

图 3－2－1　不同结构的轿车

2. 客车

（1）客车按其总长度可分类如下：

1）微型客车：总长不超过 3.5m。

2）轻型客车：总长为 3.5 ～ 7m。

3）中型客车：总长为 7 ～ 10m。

4）大型客车：总长超过 10m。

5）特大型客车。

（2）客车按其用途可分类如下：

1）城市客车（公共汽车）。

2）长途客车。

3）旅行客车。

4）游览客车。

5）双层客车。

6）铰接式客车。

7）卧铺客车。

各种客车外形如图 3－2－2 所示。

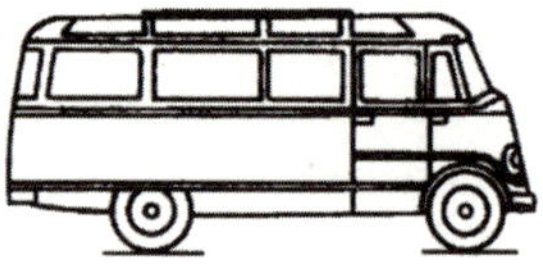

（a）小型客车

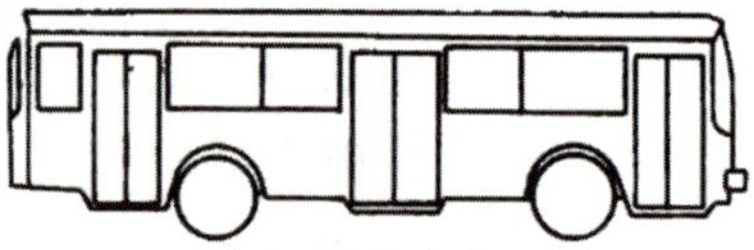

（b）城市客车

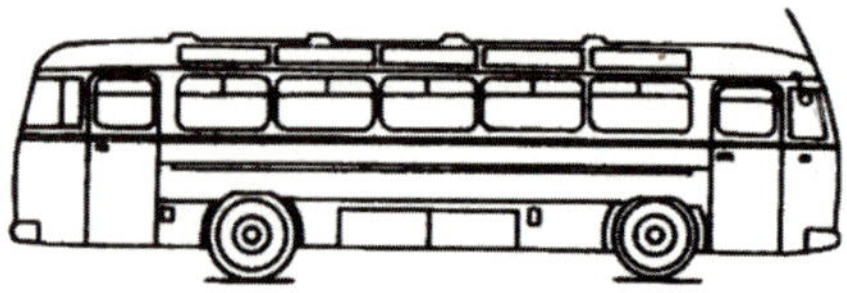

（c）旅游客车

（d）铰接式客车

图 3－2－2　各种客车外形

3. 载货汽车

（1）载货汽车按其总质量可分类如下：

1）微型载货汽车：汽车总质量不超过 1.8t。

2）轻型载货汽车：汽车总质量为 1.8 ～ 6.0t。

3）中型载货汽车：汽车总质量为 6.0 ～ 14.0t。

4）重型载货汽车：汽车总质量为 14.0t 以上。

（2）载货汽车按驾驶室的外形和结构可分类如下：

1）长头载货汽车，如 CA141.EQ1090。

2）平头载货汽车，如 BJ130。

3）短头载货汽车，如依维柯。

各类载货汽车如图 3－2－3 所示。

4. 专用（特种）汽车

（1）专用轿车，如检阅车、指挥车、运动车、由轿车改装的车。

（2）专用客车，如囚车、监察车。

（3）专用载货汽车，如消防车、洒水车、高空作业车。

5. 越野汽车

越野汽车是指（四轮）全轮驱动，主要用于非公路条件下载运人员或货物的汽车。

6. 工矿自卸汽车

工矿自卸汽车是指用于工地、矿区运输并能自卸的汽车。

7. 农用汽车

农用汽车是指用于农村运输的 1.0t 以下的汽车。

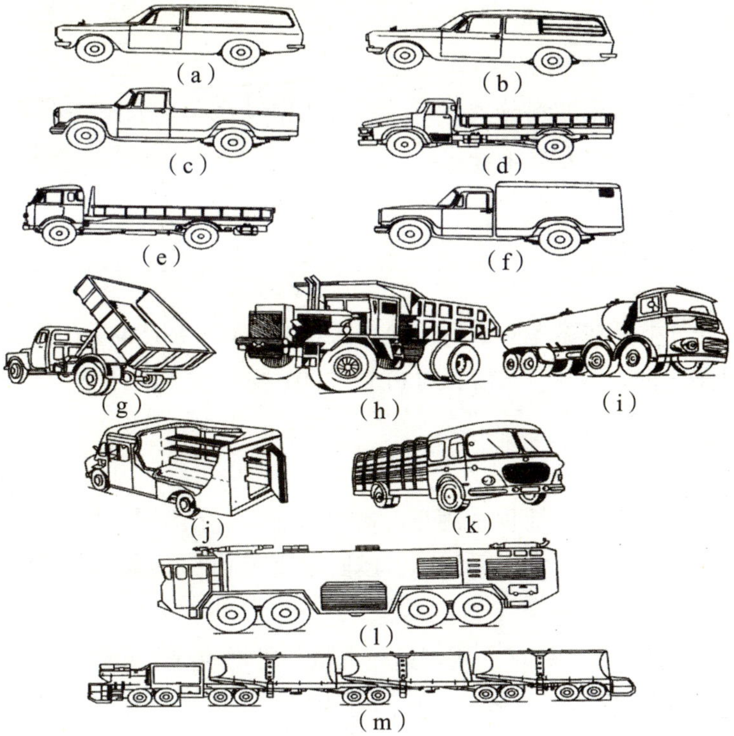

图 3-2-3　各类载货汽车

8. 牵引汽车和汽车列车

牵引汽车是指专用于牵引（拖拉）各种挂车的车辆。由牵引车与挂车共同组成的车列，称汽车列车。

另外，还有具有各种特殊功能的汽车，如图 3-2-4 所示。

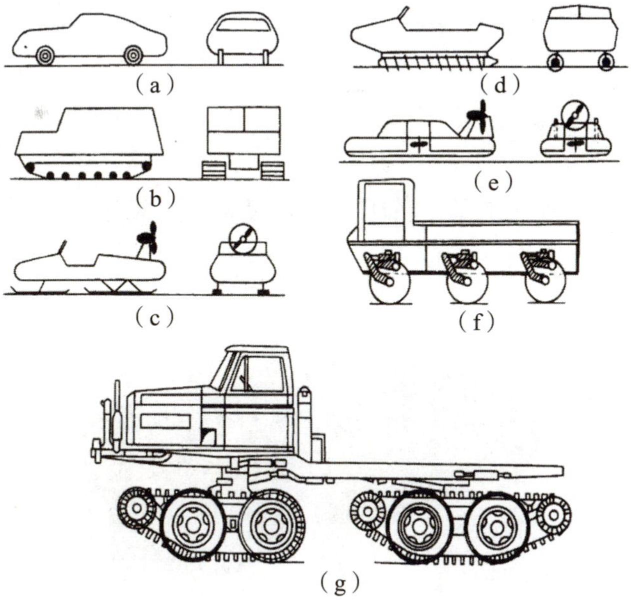

图 3-2-4　具有各种特殊功能的汽车

二、按动力装置种类及所用燃料分类

按动力装置种类及所用燃料分类，汽车可分为电动汽车、太阳能汽车、汽油车、柴油车、内燃机和蓄电池混合动力汽车等。

三、按标准分类

新的车型统计分类是在参考 GB/T 3730.1－2001 和 GB/T 15089－2001，结合我国汽车工业的发展状况制定的。其中，GB/T 3730.1－2001 按照汽车的用途将汽车分为乘用车和商用车两大类，具体如下：

1. 乘用车

乘用车包括普通乘用车、活顶乘用车、高级乘用车、小型乘用车、敞篷车、舱背乘用车、旅行车、多用途乘用车、短头乘用车、越野乘用车和专用乘用车 11 种。

2. 商用车

商用车是指在设计与技术特征上用于运输人员与货物的汽车。商用车包括运输的货车和 9 个以上座位（包含司机在内）的客车，它们分为五类：卡车、客车，半挂牵引车、客车非完整车辆（基于客车底盘的非完整车辆）、货车非完整车辆（基于货车底盘的非完整车辆）。

学习任务三

汽车的基本构造与参数

一、汽车的总体构造

现代汽车一般由发动机、底盘、车身、电器设备等四部分组成。典型轿车的总体构造如图 3－3－1 所示。

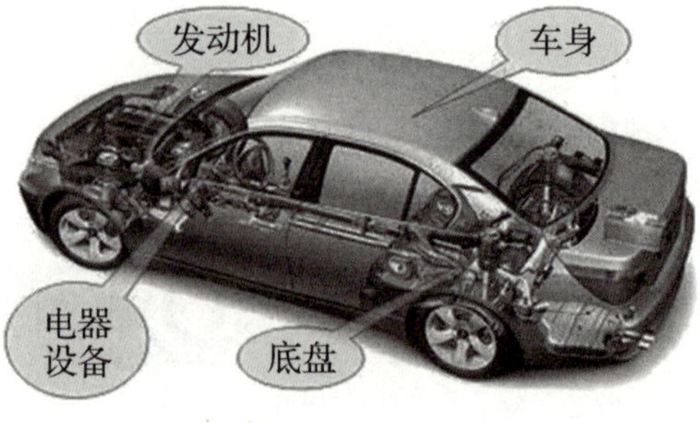

图 3－3－1　典型轿车的总体构造

二、汽车发动机的构造

发动机是汽车的动力源。除电动汽车外，汽车发动机都是热能动力装置，或简称热机。在热机中借助工质的状态变化将燃料燃烧产生的热能转变为机械能。热机有内燃机和外燃机两种。

直接以燃料燃烧所生成的燃烧产物为工质的热机为内燃机，反之则为外燃机。

内燃机与外燃机相比，具有结构紧凑、体积小、质量轻和容易起动等许多优点。因此，内燃机尤其是活塞式内燃机被极其广泛地用作汽车动力。

1. 汽车发动机的类型

（1）按活塞运动方式的不同，活塞式内燃机可分为往复活塞式和旋转活塞式两种（见图 3－3－2）。

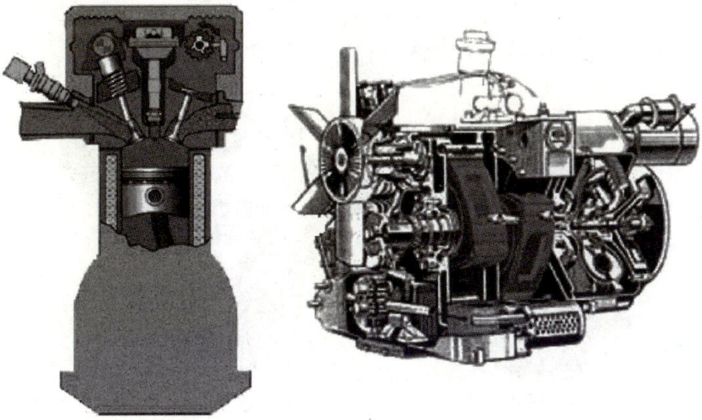

往复活塞式　　旋转活塞式

图 3－3－2　按活塞运动方式分类

（2）根据所用燃料种类，活塞式内燃机可分为汽油机、柴油机和气体燃料发动机三类。以汽油和柴油为燃料的活塞式内燃机分别称作汽油机和柴油机。

（3）按冷却方式的不同，活塞式内燃机可分为水冷发动机和风冷发动机两种。

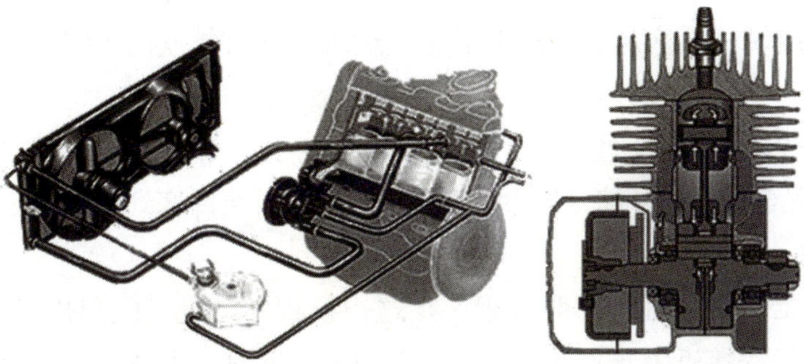

水冷发动机　　风冷发动机

图 3－3－3　按冷却方式分类

（4）按照气缸数目的不同，汽车发动机可以分为单缸发动机和多缸发动机。

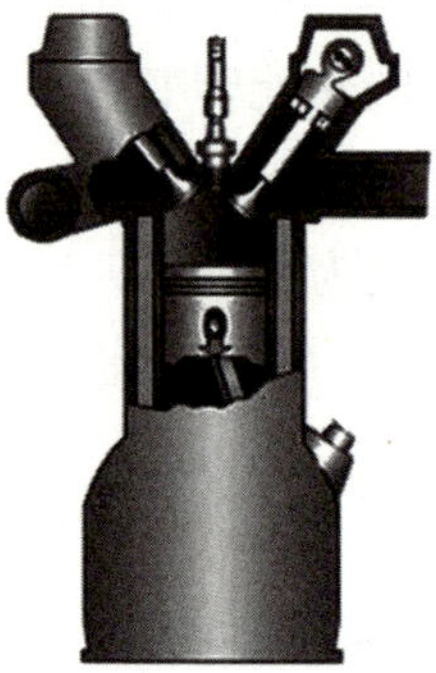

单缸发动机

多缸发动机

图 3－3－4　按气缸数目分类

（5）按照气缸排列方式不同，内燃机可以分为单列式和双列式。

单列式

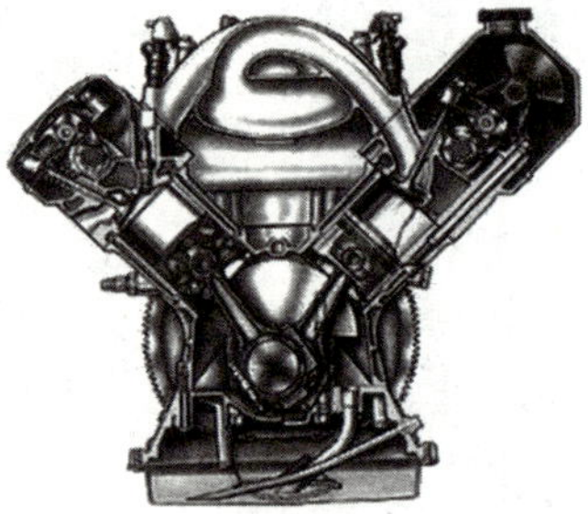

双列式

图 3－3－5　按气缸排列方式分类

2. 发动机的工作原理

（1）发动机的工作过程。

四行程汽油机的运转是按进气行程、压缩行程、做功行程和排气行程的顺序不断循环反复的。

1）进气行程。

由于曲轴的旋转，活塞从上止点向下止点运动，这时排气门关闭，进气门打开。

2）压缩行程。

曲轴继续旋转，活塞从下止点向上止点运动，这时进气门和排气门都关闭，气缸内成为封闭容积，可燃混合气受到压缩，压力和温度不断升高，当活塞到达上止点时压缩行程结束。

3）做功行程。

做功行程包括燃烧过程和膨胀过程，在这一行程中，进气门和排气门仍然保持关闭。当活塞位于压缩行程接近上止点（即点火提前角）位置时，火花塞产生电火花点燃可燃混合气，燃烧的气体膨胀，推动活塞从上止点向下止点运动，通过连杆使曲轴旋转并输出机械功，除了用于维持发动机本身继续运转外，其余用于对外做功。

4）排气行程。

可燃混合气在气缸内燃烧后生成的废气必须从气缸中排出去以便进行下一个进气行程。

（2）发动机的总体构造。

汽油机由两大机构和五大系统组成，即曲柄连杆机构、配气机构、燃料供给系统、润滑系统、冷却系统、点火系统和起动系统；柴油机由两大机构和四大系统组成，即曲柄连杆机构、配气机构、燃料供给系统、润滑系统、冷却系统和起动系统。柴油机是压燃的，不需要点火系统。

1）曲柄连杆机构。

曲柄连杆机构是发动机实现工作循环、完成能量转换的主要运动零件。它由机体组、活塞连杆组和曲轴飞轮组等组成。

曲柄连杆机构的组成如图 3－3－6 所示。

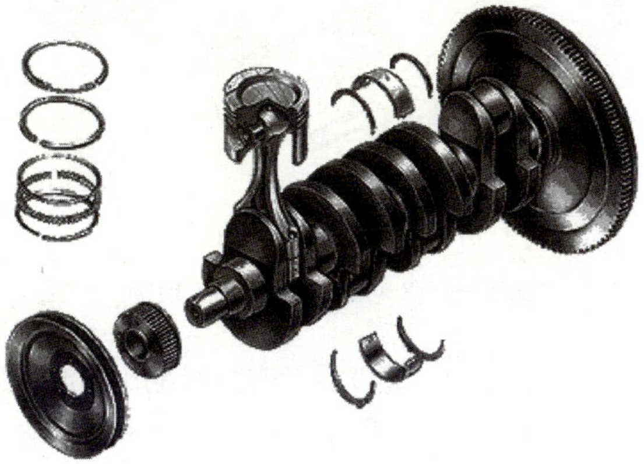

图 3－3－6　曲柄连杆机构的组成

2）配气机构。

气门式配气机构由气门组和气门传动组两部分组成，现代汽车发动机均采用顶置气门，即进、排气门置于气缸盖内，倒挂在气缸顶上。

配气机构的组成如图 3－3－7 所示。

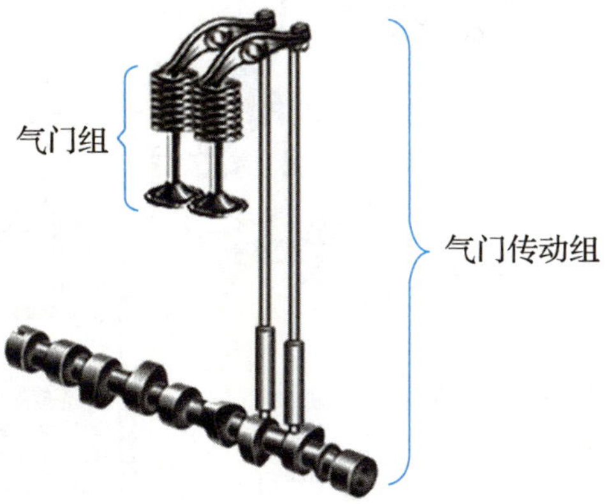

图 3－3－7　配气机构的组成

3）燃油供给系统。

汽油机所用的燃料是汽油，在进入气缸之前，汽油和空气已形成可燃混合气。可燃混合气进入气缸内被压缩，在接近压缩终了时点火燃烧而膨胀做功。

燃油供给系统的组成如图 3－3－8 所示。

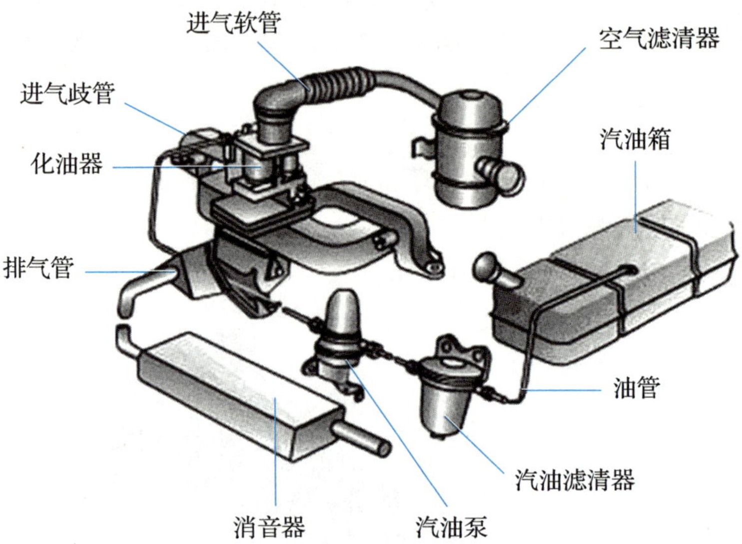

图 3－3－8　燃油供给系统的组成

混合气的形成过程就是汽油雾化、蒸发以及与空气配比和混合的过程。化油器式燃油系统可燃混合气的形成原理如图 3－3－9 所示。电控汽油喷射系统如图 3－3－10 所示。

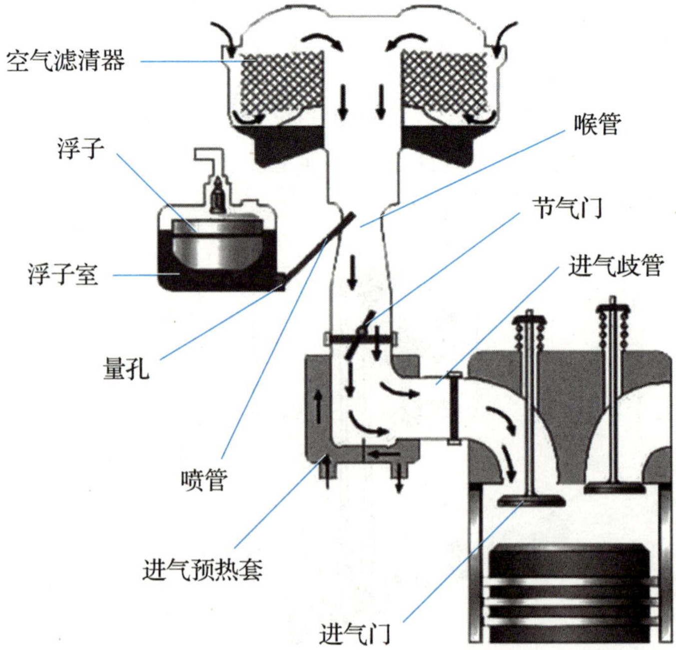

图 3－3－9　化油器式燃油系统可燃混合气的形成原理

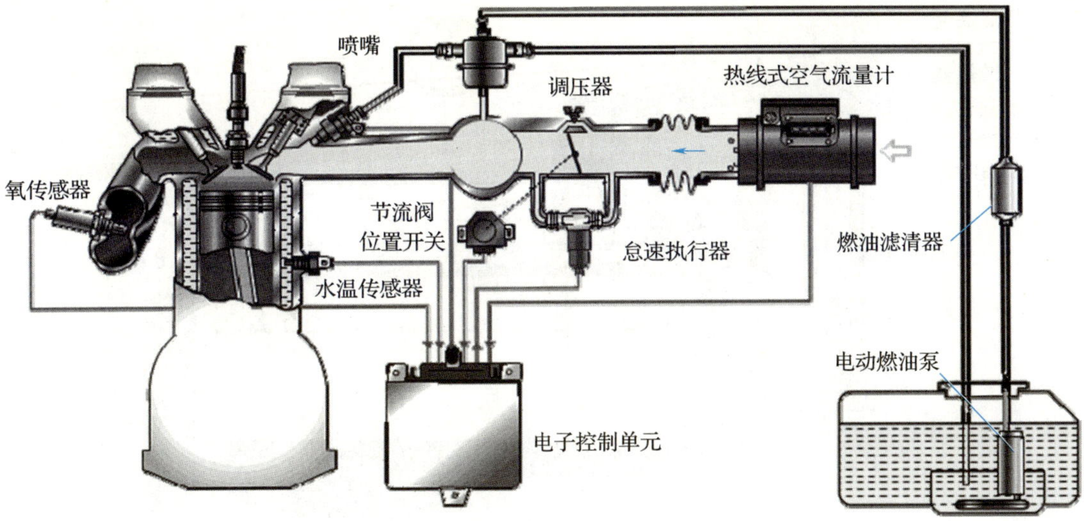

图 3-3-10 电控汽油喷射系统

4）冷却系统。

汽车发动机的水冷系统均为强制循环水冷系统，构造如图 3-3-11 所示，即利用水泵提高冷却液的压力，强制冷却液在发动机中循环流动。这种系统包括水泵、散热器、冷却风扇、节温器、储水箱、发动机机体和气缸盖中的水套以及其他附加装置。

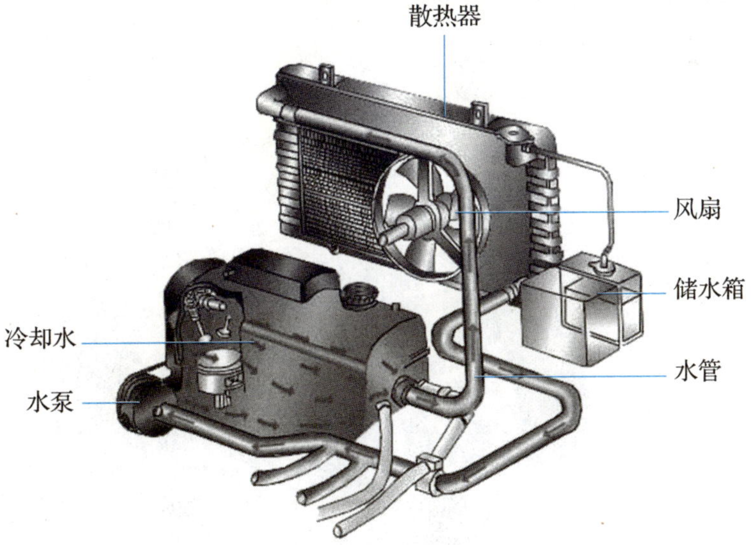

图 3-3-11 冷却系统构造

冷却系统工作原理如图 3-3-12 所示。冷却液在水泵中增压后，经分水管进入发动机的机体水套。冷却液从水套壁周围流过并从水套壁吸热而升温，然后向上流入气缸盖水套，从气缸盖水套壁吸热之后经节温器及散热器进水软管流入散热器；在散热器中，冷却液向流过散热器周围的空气散热而降温，最后冷却液经散热器出水软管返回水泵，如此循环不止。

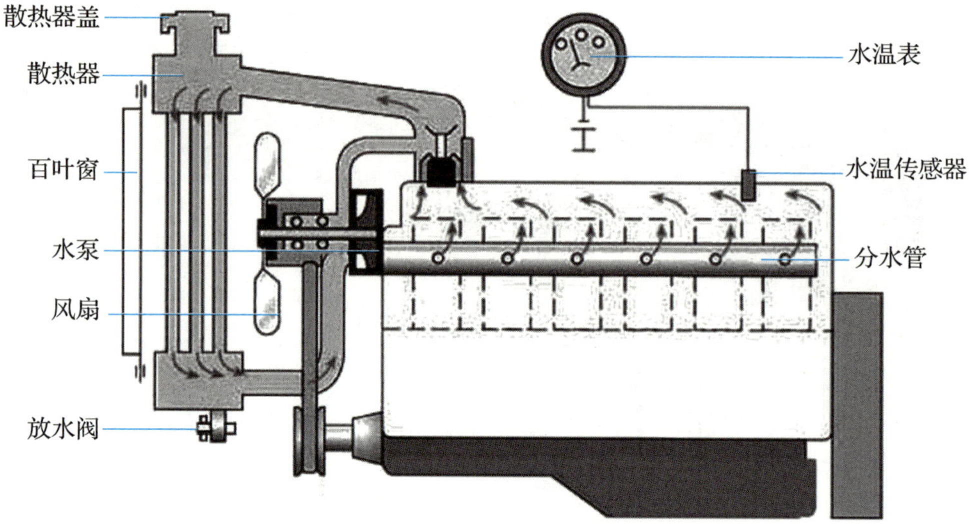

图 3－3－12　冷却系统工作原理

5）润滑系统。

a. 润滑方式：压力润滑、飞溅润滑、润滑脂润滑。

b. 润滑系统的组成及油路。润滑系统结构如图 3－3－13 所示。润滑系统由机油泵、机油滤清器、机油冷却器、集滤器等组成。此外，润滑系统还包括机油压力表、温度表和机油管道等。现代汽车发动机润滑系统的油路大致相同。

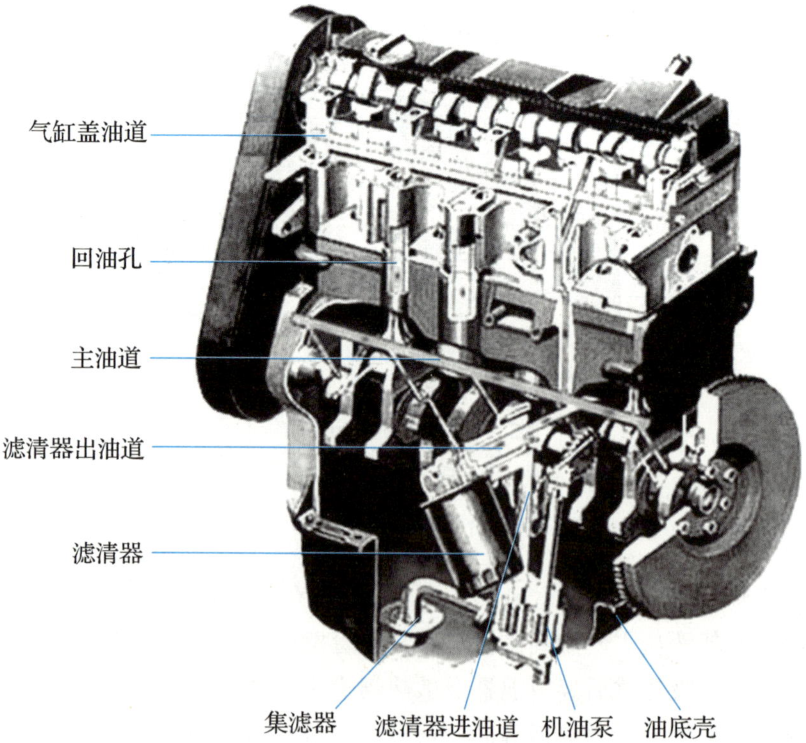

图 3－3－13　润滑系统结构

6）汽车发动机点火系统。

a. 传统蓄电池点火系统。图 3－3－14 为传统蓄电池点火系统组成，以蓄电池和发电机为电源，借点火线圈和断电器的作用，将电源提供的 6V、12V 或 24V 的低压直流电转变为高压电，再通过分电器分配到各缸火花塞，使火花塞两电极之间产生电火花，点燃可燃混合气。

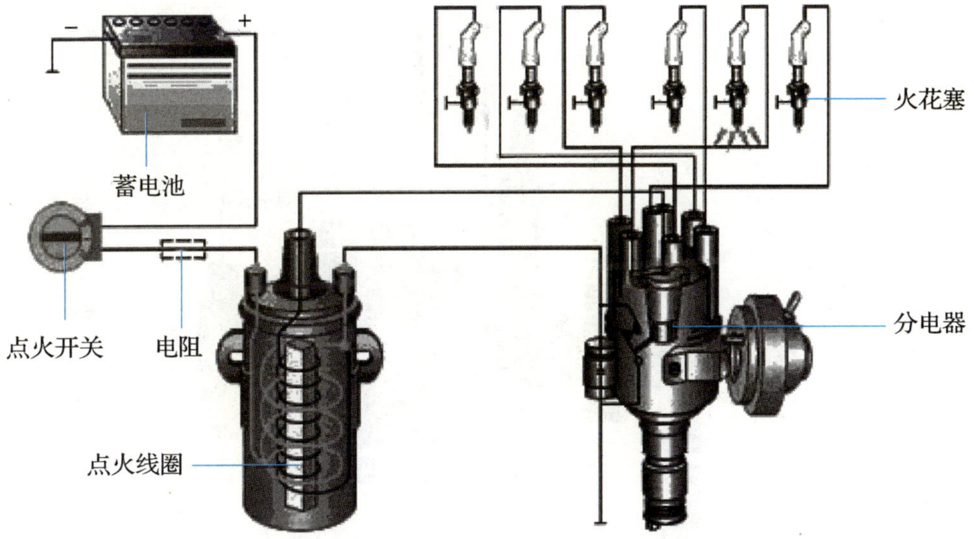

图 3－3－14　传统蓄电池点火系统组成

b. 微机控制的点火系统。图 3－3－15 为微机控制的点火系统，该系统可以通过各种传感器感知多种因素对点火提前角的影响，使发动机在各种工况和使用条件下的点火提前角都与相应的最佳点火提前角比较接近。

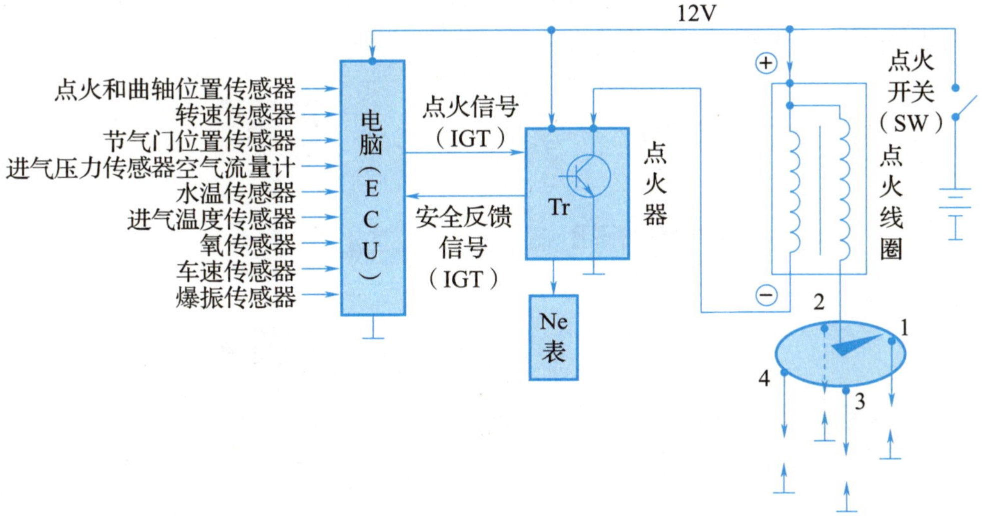

图 3－3－15　微机控制的点火系统

7）发动机起动系统。

汽车起动常以电动机作为动力源。如图 3－3－16 所示，当电动机轴上的驱动齿轮与发动机飞轮周缘上的环齿啮合时，电动机旋转时产生的电磁转矩通过飞轮传递给发动机的曲轴，使发动机起动。

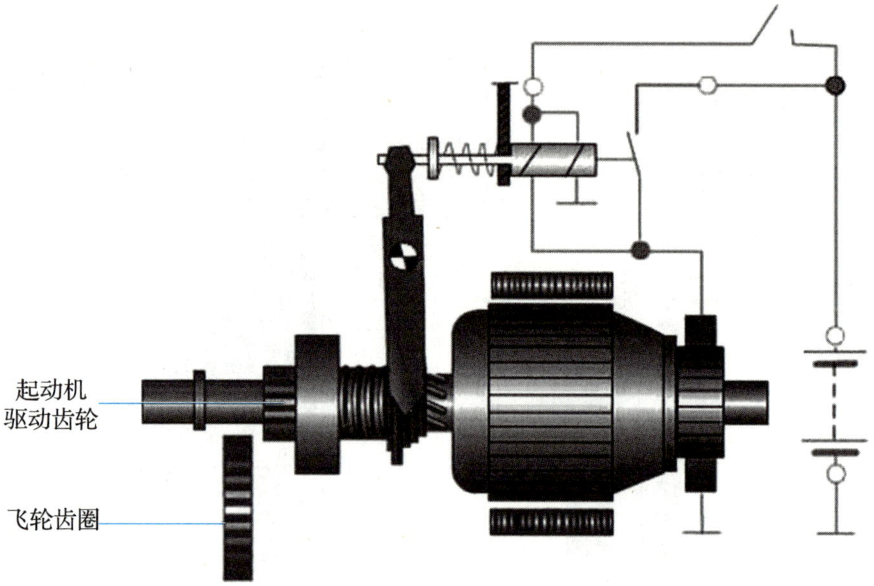

图 3－3－16　起动机工作示意图

三、汽车传动系统

图 3－3－17 为汽车传动系统工作示意图。发动机发出的动力经离合器（液力变矩器）、变速器（自动变速器）、万向传动装置传到驱动桥。在驱动桥处，动力经过主减速器、差速器和半轴传给驱动车轮。

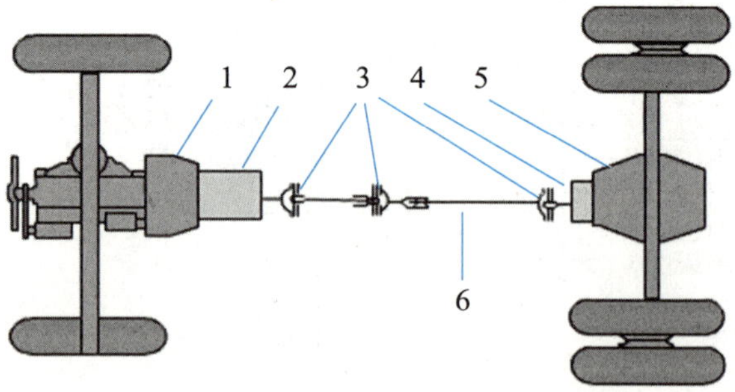

1—离合器；2—变速器；3—万向传动装置；4—驱动桥；5—主减速器；6—传动轴

图 3－3－17　汽车传动系统工作示意图

1. 离合器

离合器装在发动机与变速器之间，汽车从起动到行驶的整个过程中，经常需要使用离合器。它的作用是使发动机与变速器之间能逐渐接合，从而保证汽车平稳起步；有时暂时切断发动机与变速器之间的联系，以便于换挡和减少换挡时的冲击。此外，当汽车紧急制动时，离合器能起分离作用，防止变速器等传动系统过载，起到一定的保护作用。

摩擦片式离合器一般由主动部分、从动部分、压紧机构和操纵机构四部分组成，其结构如图 3－3－18 所示。

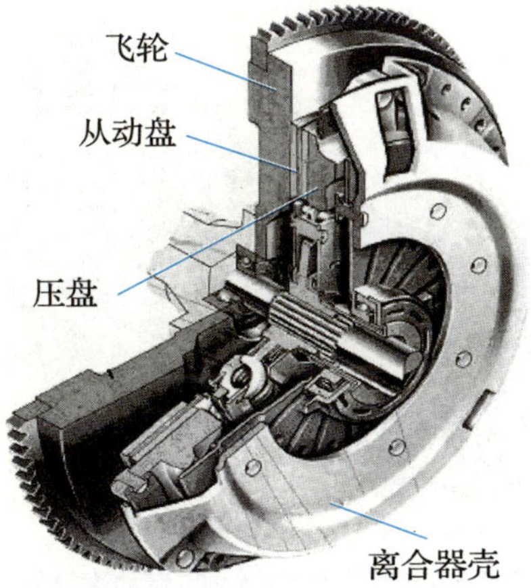

图 3－3－18　离合器的结构

2. 变速器

（1）变速器的功用。

1）改变传动比，扩大驱动轮转矩和转速的变化范围，以适应经常变化的行驶条件，使发动机在较好工况下工作。

2）在发动机旋转方向不变的情况下，使汽车实现倒向行驶。

3）利用空挡，中断动力传递，以使发动机能够起动、怠速运转和滑行等。

（2）变速器的结构。

1）普通变速器主要分为三轴变速器和两轴变速器两种，三轴变速器的前进挡主要由输入轴（第一轴）、中间轴和输出轴（第二轴）组成，如图 3－3－19 所示。

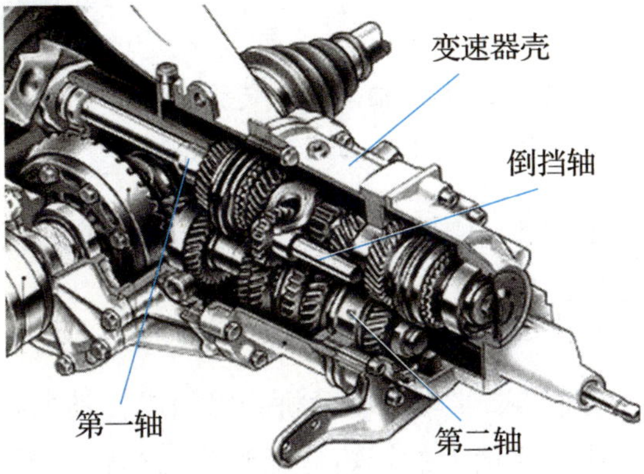

图 3－3－19　普通变速器

2）自动变速器的结构复杂，由液力变矩器、行星齿轮变速机构、换挡执行机构、液压控制系统和电子控制系统组成，是通过各种液压多片离合器和制动器限制或接通行星齿轮组中的某些齿轮得到不同的传动比的。换挡品质的好坏与离合器和制动器有直接关系。根据汽车档次的不同，出于成本考虑，经济型车的自动变速器的控制机构通常被设计得较简单。图 3－3－20 为奥迪 A4 的自动变速器。

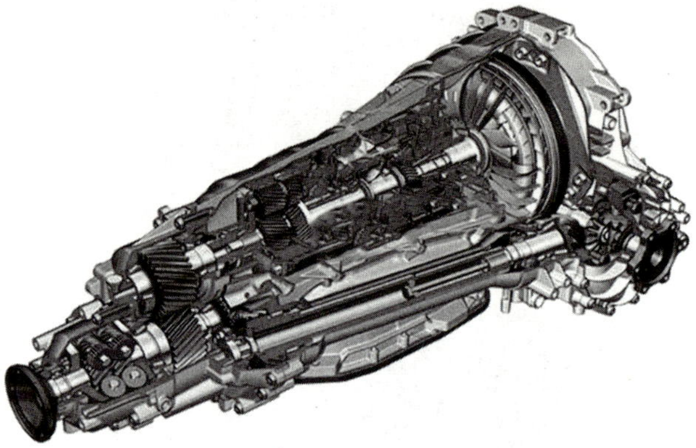

图 3－3－20　奥迪 A4 的自动变速器

3. 万向传动装置

一般汽车的变速器、离合器与发动机三者合为一体装在车架上，驱动桥通过悬架与车架相连。在负荷变化及汽车在不平路面上行驶时引起的跳动，会使驱动桥输入轴与变速器输出轴之间的夹角和距离发生变化。变速器与驱动桥之间必须采用万向传动装置。万向传动装置的结构如图 3－3－21 所示。

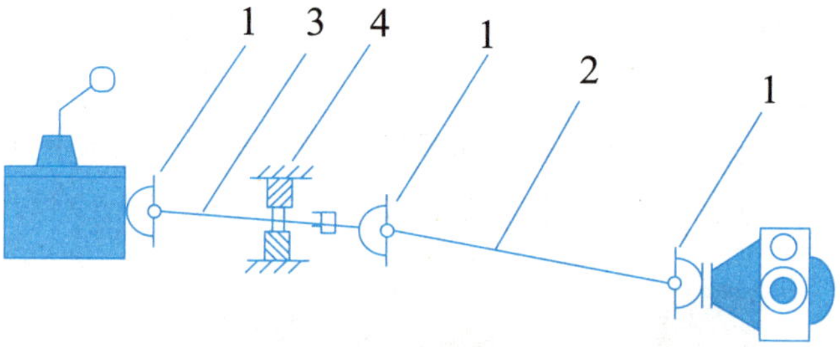

1—万向节；2—传动轴；3—前传动轴；4—中间支承

图 3－3－21　万向传动装置的结构

万向传动装置主要由万向节、传动轴组成。对于传动距离较远的分段式传动轴，为了提高传动轴的刚度，还须设置中间支承。

4. 驱动桥

驱动桥由主减速器、差速器、半轴和驱动桥壳等组成，其主要作用是将万向传动装置传来的发动机动力经过降速，将增大的转矩分配到驱动车轮。图 3－3－22 所示为非断开式驱动桥，也称整体式驱动桥。

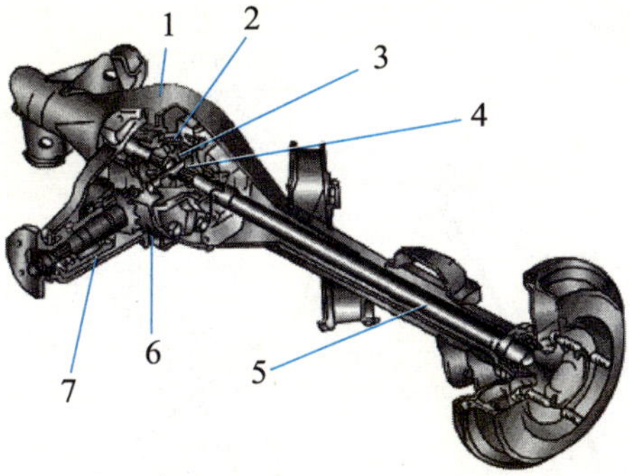

1—后桥壳；2—差速器壳；3—差速器行星齿轮；4—差速器半轴齿轮；5—半轴；
6—主减速器从动齿轮齿圈；7—主减速器主动小齿轮

图 3－3－22　非断开式驱动桥

（1）主减速器。

主减速器是汽车传动系统中减小转速、增大扭矩的主要部件。对发动机纵置的汽车来说，主减速器还利用锥齿轮传动以改变动力方向。图 3－3－23 所示为主减速器。

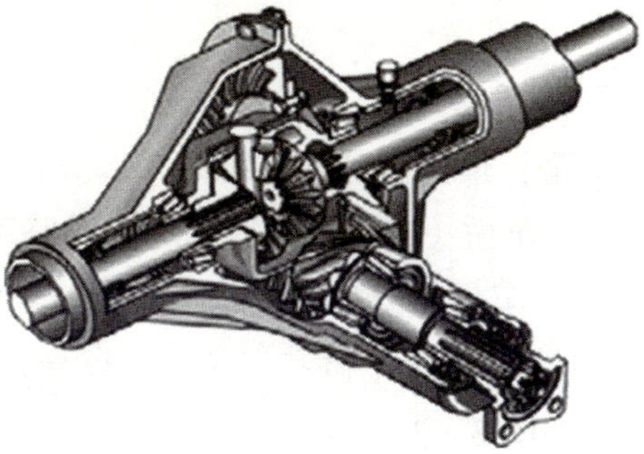

图 3－3－23　主减速器

（2）差速器。

汽车差速器是一个差速传动机构，用来保证各驱动轮在各种运动条件下的动力传递，避免轮胎与地面间打滑。

差速器构造零件的分解如图 3－3－24 所示。

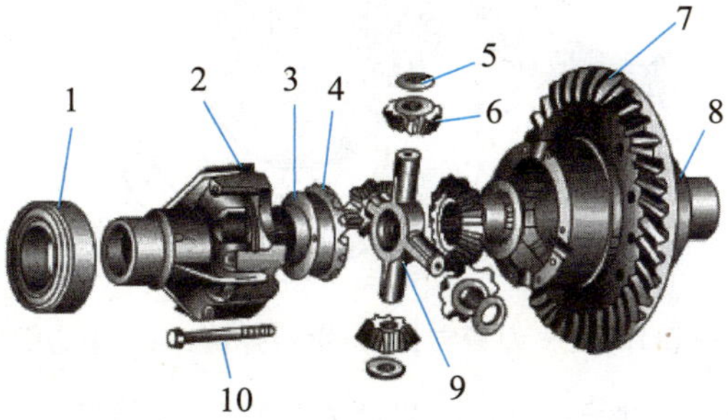

1—轴承；2—左外壳；3—垫片；4—半轴齿轮；5—垫圈；6—行星齿轮；7—从动齿轮；
8—右外壳；9—十字轴；10—螺栓

图 3－3－24　差速器构造零件的分解

差速器的差速作用如图 3－3－25 所示。

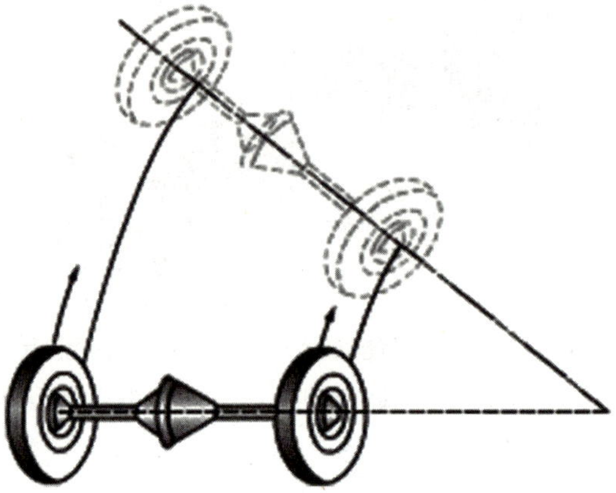

图 3－3－25　差速器的差速作用

四、汽车行驶系统与转向系统

1. 汽车行驶系统之悬架系统

汽车行驶系统分车架、车轮、车桥和悬架系统四个部分，此处主要阐述悬架系统。汽车车架（或车身）若直接安装于车桥（或车轮）上，由于道路不平，车辆行驶过程中会颠簸，这是因为没有悬架装置。汽车悬架是车架（或车身）与车轴（或车轮）之间的弹性连接装置的统称。它的作用是弹性地连接车桥和车架（或车身），缓和行驶中车辆受到的冲击力。钢板弹簧式非独立悬架如图 3－3－26 所示。

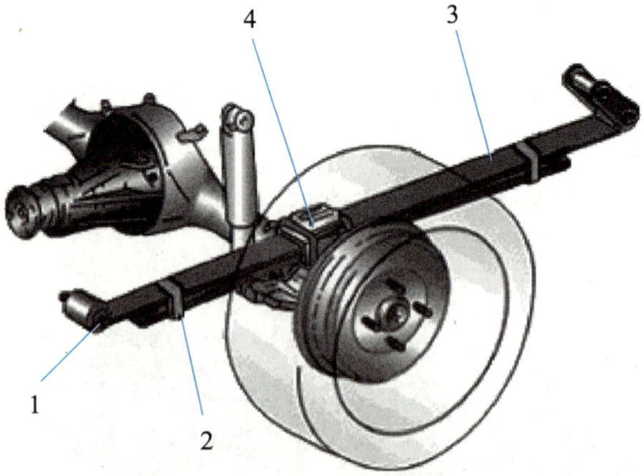

1—卷耳；2—弹簧夹；3—钢板弹簧；4—中心螺栓

图 3－3－26　钢板弹簧式非独立悬架

图 3－3－27 为机械控制模式的空气悬架系统。这种模式是采用高度控制阀，随载荷的不同改变空气弹簧内的空气压力，从而保持车辆的高度。

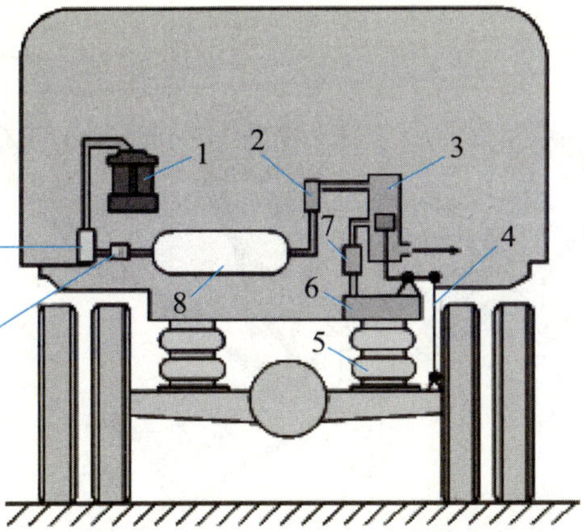

1—压气机；2、7—空气滤清器；3—车身高度控制阀；4—控制杆；5—空气弹簧；6—储气罐；8—储气筒；9—压力调节器；10—油水分离器

图 3－3－27　机械控制模式的空气悬架系统

2. 汽车转向系统

（1）转向系统的基本组成。

1）转向操纵机构，主要由转向盘、转向轴、转向管柱等组成。

2）转向器。

3）转向传动机构。

（2）转向系统分类。

1）机械转向系统（见图 3－3－28）。

2）动力转向系统（见图 3－3－29）。

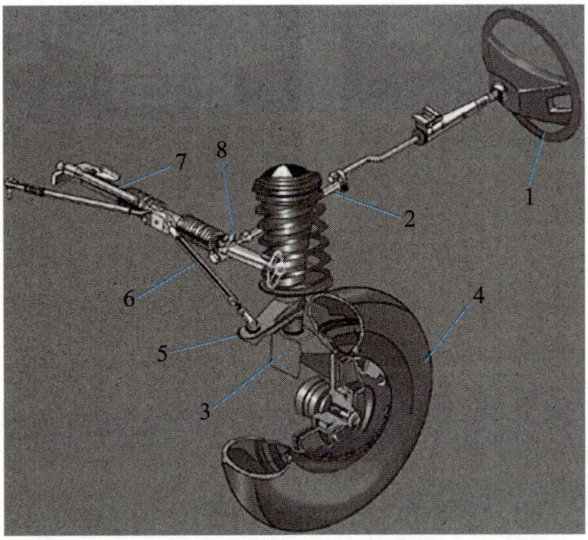

1—转向盘；2—安全转向轴；3—转向节；4—转向轮；5—转向节臂；6—转向横拉杆；7—转向减振器；8—机械转向器

图 3－3－28　机械转向系统

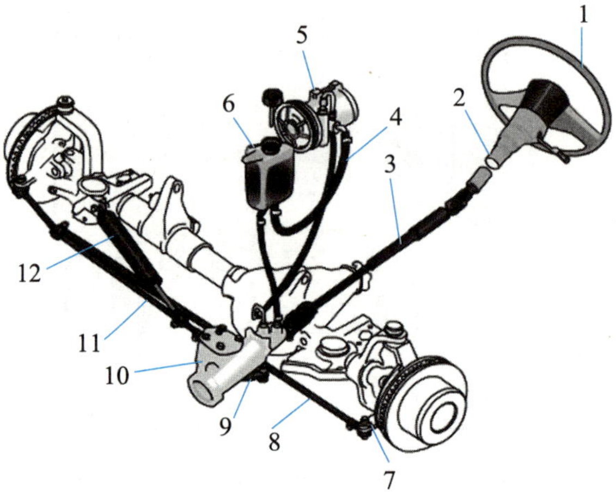

1—转向盘；2—转向轴；3—转向中间轴；4—转向油管；5—转向油泵；6—转向油罐；7—转向节臂；8—转向横拉杆；9—转向摇臂；10—整体式转向器；11—转向直拉杆；12—转向减振器

图 3-3-29　动力转向系统

五、汽车制动系统

制动系统的一般工作原理是，利用与车身（或车架）相连的非旋转元件和与车轮（或传动轴）相连的旋转元件之间的相互摩擦来阻止车轮的转动或转动的趋势。图 3-3-30 是一种简单的液压制动系统。

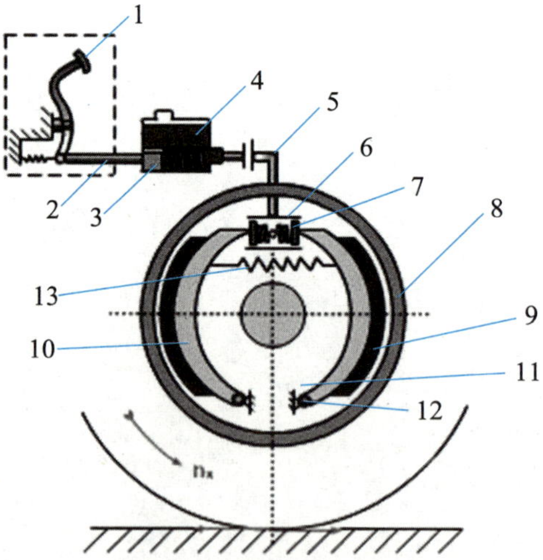

1—制动踏板；2—推杆；3—主缸活塞；4—制动主缸；5—油管；6—制动轮缸；7—轮缸活塞；8—制动鼓；9—摩擦片；10—制动蹄；11—制动底板；12—支承销；13—制动蹄回位弹簧

图 3-3-30　液压制动系统

汽车在制动时，如果车轮抱死滑移，车轮与路面间的侧向附着力将完全消失。如果只是前轮（转向轮）制动到抱死滑移而后轮还在滚动，汽车将失去转向能力。如果只是后轮制动到抱死滑移而前轮还在滚动，即使受到不大的侧向干扰力，汽车也将产生侧滑（甩尾）现象。这些都极易造成严重的交通事故。

汽车在制动时，人们不希望车轮制动到抱死滑移状态，而是希望车轮制动到边滚边滑的状态。由试验得知，汽车车轮的滑动率在15%～20%时，轮胎与路面间有最大的附着系数。

为了充分发挥轮胎与路面间的这种潜在的附着能力，目前在某些高级轿车、大客车和重型货车上配备了防抱死制动系统（Antilock Brake System，ABS）。图3－3－31所示为防抱死制动系统组成。

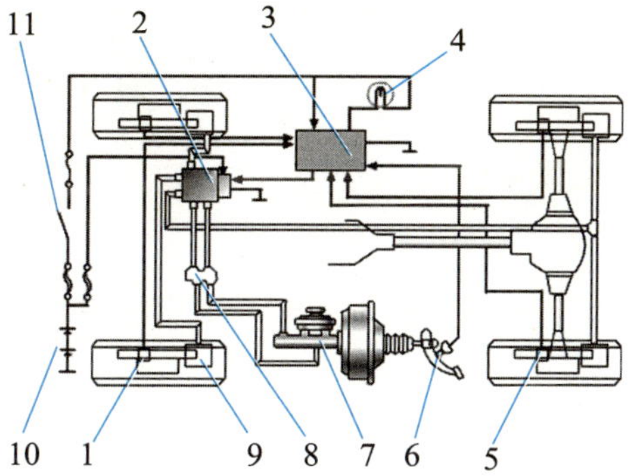

1—前轮速度传感器；2—制动压力调节装置；3—ABS电控单元；4—ABS警告灯；5—后轮速度传感器；6—停车灯开关；7—制动主缸；8—比例分配阀；9—制动轮缸；10—蓄电池；11—点火开关

图3－3－31 防抱死制动系统组成

重点回顾

1. 汽车的概念。
2. 汽车的类型。
3. 汽车结构和基本工作原理。

学后测评

1. 比较不同类型汽车的用途。
2. 阐述汽车的四个组成部分。

学生反思

认识了汽车的基本知识后，思考如何为之后的专业课学习打好基础。

模块四

汽车艺术

导读

汽车不仅是一种地面交通工具，也是现代社会的装饰品，其优美的造型和亮丽的色彩能给人带来美的享受。能否满足高速、安全和舒适等基本要求，是评价汽车造型的客观标准。汽车色彩不仅是汽车外表包装和品牌识别的标志，也包含消费心理、文化背景、个性风格等诸多因素。本模块以空气动力学为主线，结合机械工程学和人体工程学对汽车造型的历史演变进行介绍，同时，对汽车色彩的视觉效果、色彩设计应考虑的因素以及未来发展趋势等进行阐述。

学习目标

知识目标

1. 了解汽车设计理念。
2. 了解汽车造型的演变。
3. 了解汽车的颜色。
4. 知道各种品牌的标志。

能力目标

能够体会汽车的艺术。

素质目标

1. 加强学生的安全意识。
2. 激发学生的学习兴趣。

学习任务一

汽车设计

一、汽车设计概述

汽车设计是使汽车的外观在某种程度上符合人体工程学的过程。

现代汽车的功能设计和开发通常由来自汽车工程中许多不同学科的大型团队来完成，但是，设计角色与专业和特许工程师资格的要求无关。在这种情况下，汽车设计主要涉及开发车辆的外观或美学，尽管它也涉及产品概念的创建。汽车设计是一种专门职业，设计工作通常由具有工业背景或具有工业设计学位的设计师来实施。

二、设计元素

图 4－1－1 是保罗·马丁在 1967 年为法拉利 512-S Modulo 概念车设计的具有未来派风格的原始草图。最终产品做了很多改进，包括降低高度，为降低阻力设计的车轮以及独特的进入系统。

图 4－1－1　未来派风格的原始草图

汽车设计团队的任务通常被分为三个主要方面：外观设计、室内设计以及颜色和装饰设计。图形设计也是汽车设计的一个方面。首席设计师认为合适时，通常在设计团队之间共享设计思想。设计不仅着眼于孤立的汽车零件外形，还着眼于从汽车包装开始的形式与功能的结合。

美学价值也需要与人体工程学功能和实用功能相对应。尤其是，车载电子元器件给汽车设计师带来了更多挑战，汽车设计师需要更新与车载小工具相关的最新信息和知识，尤其是诸如卫星导航、卫星广播、高清广播、移动电视之类的组合式移动设备、MP3 播放器、视频播放和智能手机界面。尽管并非所有新的车载小工具都被指定为工厂标准品，但其中一些车载小工具未来对于任何特定的车载模型都是必不可少的。

三、外观设计

负责车辆外观设计的团队负责制定车辆的比例、形状和表面细节。外观设计首先通过一系列手绘草图和数字绘图完成。更详细的工程图由相应的管理层执行和批准，然后数字化呈现到图像。在这一点上，设计团队通常会征求消费者的意见，以根据目标市场迭代完善车辆概念，并将在整个设计改进过程中持续进行。经过进一步改进，根据图纸和图像开发工业橡皮泥或数字模型。然后，将这些模型中的数据用于创建最终设计的 1/4 比例和最终全尺寸模型。首先在计算机程序中设计黏土模型，然后使用机器和大量黏土“雕刻”黏土模型。即使在高级 3D（三维）软件和动力墙虚拟模型时代，黏土模型仍然是最终评估车辆外观设计的最重要工具，在整个行业中都得到了使用。

四、室内设计

负责车辆内部设计的设计师设计仪表板、座椅、门饰板、顶篷、立柱饰板等的比例、形状、位置和表面。这里的重点是人体工程学和乘客的舒适感。此处的步骤与外观设计（草图、数字模型和黏土模型）相同。

五、颜色和装饰设计

颜色和装饰（或颜色和材料）设计师负责车辆上所有内部和外部颜色和材料的研究、设计和开发，包括油漆、塑料、织物设计、皮革、地毯、车顶内衬、木饰条等内容。颜色、对比度、纹理和图案必须恰当组合，以赋予车辆独特的内部环境体验。设计师与室内外设计师须紧密合作。

设计师需要从其他设计学科中汲取灵感，例如工业设计、时装设计、家具设计、建筑设计，有时还包括产品设计。设计师还需要针对全球趋势进行专门的研究，以便为将来的 2 ～ 3 个模型年设计项目，根据研究创建趋势板，以便跟踪与汽车行业相关的设计影响。然后，设计人员使用这些信息来开发主题和概念，并进一步完善和测试这些模型。

六、平面设计

设计团队还为以下项目开发图形：徽章、贴花、仪表盘、开关、踏板等。

计算机辅助设计、A 级开发草图和渲染将转换为 3D 数字表面建模和渲染，以便在初始阶段使用 Math 数据进行实时评估。在开发过程中，后续阶段将全面开发 3D 模型，以满足设计师的审美要求以及所有工程和制造要求。完全开发的计算机辅助造型（CAS）数字模型将被重新开发，以满足涉及技术和美学的 A 级表面标准的制造要求。该数据将由产品工程团队进一步开发。这些建模人员通常具有工业设计或某些 A 类建模人员的工具工程背景。Autodesk Alias（工业设计和 A 级曲面建模软件）和曲面魔术师（ICEM Surf）是用于 A 级开发的两款使用最广泛的软件工具。

学习任务二

汽车造型

人们认识、了解汽车往往是从汽车造型开始的。汽车自诞生以来，其外形随着人们审美的发展和时代的进步不断在改变。在 100 多年的汽车发展史中，汽车造型发生了翻天覆地的变化。外形的演变不仅仅是美感方面的需要，更重要的是功能和实用的需要，也是汽车制造商为赢得市场、获取较高利润经常采用的手段。

一、确定汽车造型的基本因素

确定汽车造型有三个基本要素，即机械工程学、人机工程学和空气动力学。前两个要素在决定汽车构造的基本骨架方面具有重要意义，特别是在设计初期，受这两个要素的制约更大。汽车造型的确定就是上述三个基本要素相互协调的结果。

二、汽车造型的演变

自汽车问世以来，人们就一直在追求满足功能要求的理想汽车造型。汽车造型经历了从粗糙的马车形汽车到像倒扣着的大箱子的箱形汽车，再到类似卡通形象的甲壳虫形汽车，还有船形、鱼形、楔形和子弹头形汽车，汽车的造型越来越好看，线条越来越亮丽。

1. 马车形汽车

在汽车诞生之前，马车是较好的交通工具，其造型发展得相当完美。汽车诞生时，人们的主要精力集中在汽车的动力性能的开发与研究上。最初的汽车都是将发动机装在马车上，而当时欧洲的马车制造技术已相当成熟，因此，当时的汽车造型基本上沿用了马车的造型，具体如图 4-2-1 和图 4-2-2 所示。

图 4－2－1　1892 年的标致汽车

图 4－2－2　1901 年的奥兹莫比尔汽车

2. 箱形汽车

马车形汽车很难抵挡风雨的侵袭，考虑到乘坐的舒适性，19 世纪末时汽车车身由开放式向封闭式过渡。1915 年，福特汽车公司生产出了 T 型车，这种汽车的乘员舱很像一个倒扣着的大箱子，装有车门和车窗，所以人们将这种汽车以及后来生产的类似汽车称为箱形汽车。1915 年福特公司生产的 T 型车如图 4－2－3 所示。

图 4－2－3　1915 年福特公司生产的 T 型车

3. 甲壳虫形汽车

箱形汽车时代的后期，人们逐步认识到空气阻力的重要性，开始注意车身的造型。最初，人们只是直观地通过减小汽车迎风面积来降低空气阻力，也就是减小汽车横断面的几何尺寸（宽度和高度）。受乘坐空间的限制，车身宽度没有多少可以减少的空间，于是降低车身高度就成为减小空气阻力的主攻方向。1900 年，汽车车身的高度普遍与马车相仿，为 2.7m，1910 年降低到了 2.4m，1920 年降低到了 1.9m，当代轿车的车身高度一般为 1.1 ～ 1.3m。

当一辆汽车从身边经过时，地上的尘土、纸片、树叶等较轻的东西会紧跟在车后旋转、飞扬，这就是汽车前进时所造成的空气涡流现象。箱形汽车后部产生的空气涡流如图 4－2－4 所示。

图 4-2-4　箱形汽车后部产生的空气涡流

流线型是空气流过物体不产生旋涡的理想形状，其最高境界是飞机的机翼。但是，作为汽车，绝对的流线型是不现实的，目前的汽车造型均为流线型的变化型。甲壳虫形汽车是流线型汽车的典型代表，大众甲壳虫 1200 轿车如图 4-2-5 所示。

图 4-2-5　大众甲壳虫 1200 轿车

4. 船形汽车

第二次世界大战结束后，福特汽车公司经过几年的努力，于 1949 年推出具有历史意义的福特 V8 型汽车（见图 4-2-6）。这种车型改变了以往汽车的造型，前翼子板和发动机罩融为一体，后翼子板和行李舱融为一体，前照灯和散热器罩也形成一个平滑的面，乘员舱位于车的中部，车的整个造型很像一只小船，所以人们把这类造型的汽车称为船形汽车。

图 4-2-6　福特 V8 型汽车

5. 鱼形汽车

船形汽车存在的问题是车的尾部过长，呈阶梯状，高速行驶时会产生较强的空气涡流，因此影响了车速的提高。为了克服船形汽车的缺陷，人们把船形汽车的后窗玻璃逐渐倾斜，倾斜到极致即成为斜背式。斜背式汽车的背部像鱼的脊背，所以人们称这类造型的车为鱼形汽车。图 4－2－7 所示为鱼形别克牌汽车。

图 4－2－7　鱼形别克牌汽车

6. 楔形汽车

为了从根本上解决鱼形汽车的升力问题，人们又开始了艰难的探索，最终设计出了楔形汽车，也就是车身前部向下方倾斜，车身尾部如刀削般平直，使车尾更短、车顶较平，整体形状如楔子，即所谓的楔形汽车。这种造型有效地克服了汽车高速行驶时所产生的升力问题，成为理想的高速汽车造型。这种造型汽车的典型代表如图 4－2－8～图 4－2－12 所示。

图 4－2－8　阿本提

图 4－2－9　法拉利 Testarossa

图 4－2－10 莲花 Esprite

图 4－2－11 兰博基尼 Countach

图 4－2－12 第三代奥迪 100

7. 子弹头形汽车

汽车造型发展到楔形以后，升力问题基本上得到了圆满的解决。但人类追求至善至美的心是永不满足的，当轿车的升力问题基本解决以后，人们又从改变轿车的基本概念上做起了文章，于是一种新型轿车——多用途轿车（Multi Purpose Vehicle，MPV）问世了。由于这种车的造型酷似子弹头，在我国，人们将其称为子弹头形汽车，如图 4－2－13 所示。

图 4－2－13 子弹头形汽车

学习任务三

汽车色彩

由于传统文化习惯等因素的作用，人们对某种色彩会产生根深蒂固的观念，不会轻易改变，因为色彩会使人产生联想。

一、汽车颜色

银色是最能反映汽车本质的颜色。看见银色会使人想起金属材料，这种颜色给人的整体感很强。调查显示，银色汽车（见图 4-3-1）最具人气，也最具运动感。

图 4-3-1　银色汽车

白色是中间色，给人以明快、活泼大方、清洁、朴实的感觉，容易与外界环境相协调，白色汽车（见图 4-3-2）车身较耐脏。另外，白色是膨胀色，容易使小车显大。在 20 世纪 80 年代，日本白色汽车的销量占到总销量的 70%。

图 4-3-2　白色汽车

黑色是一种矛盾的颜色，既代表保守和自尊，又代表新潮和性感，还给人以庄重、尊贵、严肃的感觉。黑色也是中间色，容易与外界环境相吻合。但黑色汽车（见图 4-3-3）车身反而不耐脏，有一点灰尘就能看出来。黑色一直是公务车最受青睐的颜色，黑色的高档车显得气派十足；低档车最好不要选用黑色。

图 4-3-3　黑色汽车

红色包括大红、枣红，能给人以跳跃、兴奋、欢乐的感觉。红色是放大色，可以使小车显大。高速公路上疾驰的红色跑车（见图 4-3-4）在阳光下如同一团火焰掠过，非常醒目。红色非常适合跑车或运动型车。

图 4-3-4　红色跑车

蓝色是安静的色调，感觉非常收敛，个性不张扬，如同星球的深邃和大海的包容。蓝色汽车（见图 4-3-5）不耐脏。

图 4-3-5　蓝色汽车

黄色汽车（见图 4-3-6）会给人以欢快、温暖、活泼的感觉。黄色是扩大色，在环境中很显眼，跑车选用黄色非常适合，小型车用黄色也非常适合。出租车和工程抢险车采用黄色，既便于管理，也便于人们及时地发现，可与其他汽车相区别。私用车选用黄色的不多。香槟色是黄色派生出来的金属漆颜色，选购者较多。

图 4－3－6　黄色汽车

绿色有较好的可视性，是大自然中森林的色彩，也是春天的色彩。绿色的金属漆也一改以前冰冷的色调，以温暖的面貌出现，小车选绿色会很有个性。图 4－3－7 所示为奔驰 AMG-GT，其灵感来源于被称为“绿色地狱”的纽博格林赛道。

图 4－3－7　绿色汽车

现在的汽车颜色可谓五花八门，充分反映了汽车颜色的变迁和当今车主日益张扬的个性。

二、汽车的行车安全与色彩

行车安全与汽车色彩有一定的关系。在心理学上，人们将深蓝色和深绿色称作收缩色或后退色（见图 4－3－8），这种色彩的汽车看起来比实际小；而将黄色、红色称作膨胀色或进攻色（见图 4－3－9），这种色彩使汽车看起来比实际大，且不论远近都很显眼。在以黑色为背景时，黄色、白色更容易引起人们的注意，尤其在傍晚、雾天和下雨天时较其他颜色更醒目，所以汽车色彩以黄色、白色较为安全。

图 4－3－8　收缩色汽车

图 4－3－9　膨胀色汽车

有人曾调查了2408辆出事故的汽车，结果显示：蓝色和绿色居首，分别为25%和20%；黄色最低，仅为2%；白色和红色也较低。由此可知，从安全的角度考虑，汽车的色彩最好选择黄色或白色，红色也是较佳的选择。

学习任务四

汽车标志

一、汽车标志概述

汽车标志是指各种汽车品牌的标志，这些标志往往成为汽车企业的代表。汽车的标志包括：汽车的商标或厂标、产品标牌、发动机型号及出厂编号、整车型号及出厂编号、车辆识别代号等。

汽车应当具有自己的标志，用以表明汽车的生产厂家、车型、发动机功率、承载质量、发动机及整车的出厂编号等。

二、汽车标志的作用

汽车标志的作用是便于销售者、使用者、维修人员、交通管理部门识别车辆的“身份”。按我国相关规定，新车登记和年度检验时，都要检查这些标志。

三、汽车标志的分类

1. 以首字母作标志

（1）英文首字母。

例如，雷克萨斯的“L”、本田的“H”、现代的“H”、ACURA的“A”、迈巴赫的“M”等，都以品牌名称的英文首字母为标志。

（2）名称简写。

例如，大众的“VW”、比亚迪的“BYD”就是以名称简写为标志。

2. 以品牌英文单词为车标

例如，SMART（精灵）、KIA（起亚）、FORD（福特）、FIAT（菲亚特）、LANDROVER（路虎）等，都是以品牌的英文单词为车标。

3. 以象征物件为车标

例如，玛莎拉蒂的海神叉、兰博基尼的牛、别克的三个盾牌、法拉利的马等，就是以象征物件为车标。

4. 以抽象图形为车标

例如，奥迪的四环、三菱的三个菱形、雷诺的菱形、丰田的三环相扣等，就是以抽象图形为车标。

四、各种品牌的标志

世界各国汽车品牌的标志在模块二已做了介绍，这里就不再详细介绍了，仅回顾一下各汽车品牌的标志，如图 4－4－1 所示。

图 4－4－1　各汽车品牌的标志

重点回顾

1. 汽车的色彩和造型。
2. 各种汽车品牌的标志。

学后测评

1. 简述汽车设计的概念。
2. 简述汽车的色彩和造型。

学生反思

如何欣赏汽车艺术？

模块五

汽车娱乐与生活

导读

汽车与我们生活中的点点滴滴都有很密切的关系，我们的衣、食、住、行都可能与汽车有关。例如，你吃的东西可能不是在当地生产的，你喝的矿泉水也可能不是当地的，但你却能消费它们，这依赖于汽车的运输。不仅如此，你消费后的垃圾的处理也要依靠汽车。可以说，在现代城市里，有两样东西最重要：一个是电，一个是汽车，没有汽车和电，现代化的城市是不可能存在的，现代化的生活也是没有质量的。

学习目标

知识目标

1. 了解一些著名的汽车杂志、博物馆和展览会。
2. 了解世界十大汽车城。
3. 了解汽车与我们生活的关系。

能力目标

1. 记住世界十大汽车城。
2. 记住中国各地区的车牌特点。

素质目标

1. 培养良好的自学习惯，能够自主地通过网络了解汽车娱乐与生活的相关知识。
2. 培养良好的生活和学习素养。

学习任务一

汽车杂志

一、《汽车》(Car)

Car（封面见图 5-1-1）创立于 1962 年，隶属于 Bauer Automotive 集团。该杂志首创了欧洲年度车的评奖，这一奖项在整个欧洲的范围内评选，是欧洲最引人瞩目的汽车年度评奖。

多年以前，*Car* 的编辑们首创了多车测试以及带有故事色彩的试驾评论，“supercar”一词正是由 *Car* 杂志创造出来的。到了 20 世纪七八十年代，*Car* 在写作深度、拍摄质量、版面设计等方面均已远远超越其他同类刊物。2007 年，*Car* 夺得了两项设计类大奖，该杂志的一位编辑还被评为“英国年度最佳记者”。

Car 一直坚守极具个性的汽车评论，面对来自厂方的压力丝毫不会妥协。*Car* 为了表现对某款车型的失望，在照片上用一个柠檬换掉了车头的徽标。那个汽车品牌厂商非常气愤，在随后相当长一段时间里没有与 *Car* 进行广告合作，然而 *Car* 却获得了更多厂商以及读者的尊重。

图 5-1-1 *Car* 的封面

二、《汽车与驾驶员》(*Car and Driver*)

Car and Driver（封面见图 5－2－1）于 1955 年在美国纽约创立，最初的名字是《跑车画板》(*Sports Cars Illustrated*)，1966 年改为现名，杂志的风格转变成主流正统汽车杂志。该杂志关注的车型基本都是进口的小型运动车。目前 *Car and Driver* 的编辑总部位于密歇根州安娜堡市。该杂志的所有权经历数次更迭，现在归属于法国桦榭集团。

Car and Driver 的汽车评论向来比较尖酸刻薄。对于表现不佳的汽车，它会毫不留情地加以批评。每当汽车业界出现了具有争议性的事件，它总能在第一时间参与讨论，并经常发出不同的声音。

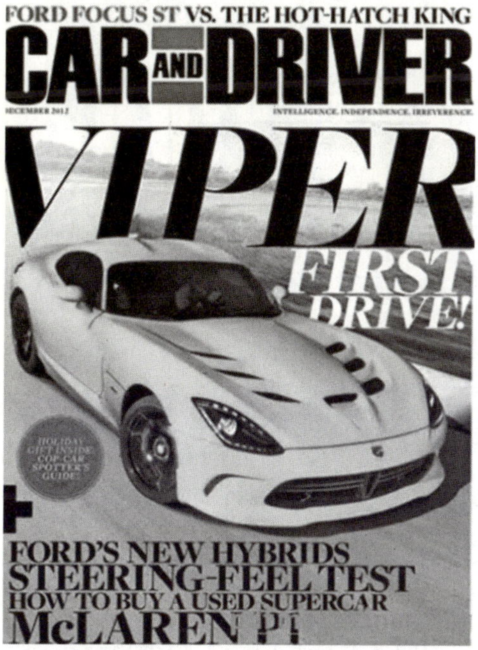

图 5－1－2 *Car and Driver* 的封面

三、《汽车趋势》(*Motor Trend*)

Motor Trend（封面见图 5－1－3）成立于 1949 年，当时是 Petersen 集团旗下的一本汽车月刊。Petersen 集团于 1998 年将其所有的杂志所有权出售给 EMA 集团；后者又在 2001 年将这些杂志卖给了 Primedia 传媒集团。如今 *Motor Trend* 杂志隶属于 Source Interlink 公司，每月在全球的发行量已逾百万。

在美国，*Motor Trend* 最先发起了“年度车”评选活动。1953 年，美国洛杉矶第一届“年度车”颁发给了凯迪拉克。之后的“年度车”所设的奖项开始细分，出现了卡车以及 SUV 等单类别奖项。在 1999 年之前，“年度车”仅颁发给美国本土的车型，进口车型则被划分出去，竞争另一个奖项——“年度进口车”，1999 年之后，上述两个奖项合并成一个。

每年 9 月和 10 月，*Motor Trend* 都会发布下一年度的新车特别策划，把未来一年的新车按照车型一一列出，9 月刊是轿车，10 月刊为越野车、卡车、MPV 以及 SUV 等车型。

图 5-1-3　*Motor Trend* 的封面

四、《汽车与运动》

《汽车与运动》（封面见图 5-1-4）是德国著名的汽车双周刊，有着世界性的广大读者群体。该杂志创刊于 1946 年，隶属于汽车工程师协会（SAE）出版集团旗下，至今仍然是欧洲最成功的汽车杂志。

该杂志以评测严谨见长。严苛的车辆性能测试、冬季轮胎测试畅销车型榜、年度最佳车型等内容无不彰显这一刊物的专业性，但其单调刻板的拍摄风格以及墨守成规的行文方式会给人以枯燥乏味之感。

图 5-1-4　《汽车与运动》的封面

五、《选择》(*Option*)

Option（封面见图 5－1－5）是稻田大二郎于 1981 年在日本创办的汽车杂志。稻田大二郎在日本车坛的地位举足轻重，他不但是 *Option* 的出版人，同时还是著名的 D1 漂移大赛和东京改装车展的发起者。

在创刊之初，*Option* 曾经走过不少弯路，例如曾经报道了大量日本改装车的非法赛事；其后逐渐步入正轨，不再接触非法赛事。对于 *Option* 的读者来说，汽车不再只是一种代步工具，而是生活的一部分，*Option* 便是专为这种年轻阶层而设计的汽车改装资讯杂志，它更擅长登载天马行空的创意和极富启发性的改装车资讯，无数刚刚涉足汽车改装的年轻人都深受其影响。

图 5－1－5　*Option* 的封面

学习任务二

汽车博物馆

一、北京汽车博物馆

初建时间：2006—2007 年。

现所在地：中国北京。

北京汽车博物馆（见图 5－2－1）由德国海恩建筑师事务所和加拿大 B+H 建筑师事务所联合设计，建筑面积 4.7 万平方米，从高空俯瞰，博物馆就像一只明亮的眼睛。该博物馆拥有 80 余辆藏品车、6000 余件各类展品。北京汽车博物馆由创造馆、进步馆与未来馆组成。创造馆回顾了世界汽车的诞生、发展与中国汽车工业发展历程；进步馆介绍了汽车结构、工程技术、设计生产方面的知识，并展示了赛车运动的魅力；未来馆则讨论了汽车与能源、环保、安全等的关系。

图 5－2－1　北京汽车博物馆

二、上海汽车博物馆

初建时间：2007 年。

现所在地：中国上海。

上海汽车博物馆（见图 5－2－2）分为历史馆、珍藏馆、探索馆、会务休闲区、临展区五个部分，总展示面积约 1 万平方米，展品包括较具代表性和贡献意义的 20 余个品牌的经典古董车，如世界第一辆汽车（复制品）、中国若干“第一”的汽车、福特 T 型车等多国多款汽车。

图 5－2－2　上海汽车博物馆

三、梅赛德斯－奔驰博物馆

初建时间：1923 年。

现所在地：德国斯图加特。

梅赛德斯－奔驰博物馆（见图 5－2－3）的历史最早可追溯至 1923 年，当时奔驰的第一个小型工厂博物馆落成并启用。此后数十年，梅赛德斯－奔驰博物馆经历数次扩建。到 2006 年 5 月，梅赛德斯－奔驰公司将汽车博物馆迁移至梅赛德斯－奔驰品牌的诞生地——斯图加特。梅赛德斯－奔驰博物馆建筑造型独特，外观具有金属质感，内部则采用独特的“双螺旋”通道设计，对应两条参观路线：第一条参观路线包含有 7 个“传奇区域”，按时间顺序讲述品牌故事；第二条参观路线包含 5 个“收藏区域”，展示了梅赛德斯－奔驰产品的多样性。梅赛德斯－奔驰博物馆是世界上唯一一座追溯了汽车从 1886 年诞生起的完整历史的博物馆，共有展品 1500 件，汽车超过 160 辆，包括历史上的经典车型及赛场上屡破纪录的赛车等。

图 5－2－3　梅赛德斯 － 奔驰博物馆

四、保时捷博物馆

初建时间：1976 年。

现所在地：德国斯图加特。

保时捷博物馆分为旧馆和新馆（见图 5－2－4）。旧馆面积不大，除了展出各个时期的保时捷跑车外，还有保时捷警车、消防车乃至拖拉机。旧馆虽然展品不多，但包含不少被剖开的部件甚至整车，且均为保时捷的原件，参观者有机会清楚地观察其内部结构。新馆于 2004 年 7 月动工，2009 年 1 月正式开放，整个建筑仅通过三个“V”字形立柱支撑，仿佛一块巨石悬浮在空中。新馆包括一个展览大厅与主展示区，展览大厅展示保时捷公司 1948 年以前的历史，主展示区按年代顺序，展览 1948 年后的保时捷跑车产品与赛车历史。馆内实际展出车辆超过 80 辆，可展出车辆约 300 辆，轮流展出。展品包括保时捷的一些标志性车辆，还包括费迪南德·保时捷自 20 世纪初以来取得的杰出技术成就。

图 5－2－4　保时捷博物馆新馆

五、大众汽车城

初建时间：2000 年。

现所在地：德国沃尔夫斯堡。

大众汽车城（见图 5－2－5）是德国最知名的汽车主题公园，集博物馆、驾驶技术培训、品牌馆、汽车塔于一体，每年参观人数高达 200 万。在汽车城里，大众集团旗下的其他品牌如奥迪、宾利、布加迪、兰博基尼、西亚特、斯柯达等都有专门的品牌馆。大众汽车城最大的亮点是两座高 20 层的玻璃汽车塔，被誉为“世界上最炫的车库”。

图 5－2－5　大众汽车城玻璃汽车塔

六、宝马博物馆

初建时间：1973 年。

现所在地：德国慕尼黑。

宝马博物馆（见图 5－2－6）位于宝马总部四缸大厦的旁边，外观呈碗状。该博物馆于 2004—2008 年翻新扩建，新馆保留了碗状建筑，同时新建延展的地下三层建筑，使得新馆总面积是原来的 4 倍。博物馆分为 7 个主题展区，不仅展示了宝马历史上的重要车型、技术突破、设计演变，也有赛车、概念车、摩托车等，全方位展示了宝马的历史，以及宝马典型、重要的理念。

图 5－2－6　宝马博物馆

七、法拉利博物馆

初建时间：1990 年。

现所在地：意大利马拉内罗小镇。

法拉利博物馆（见图 5－2－7）距离法拉利工厂仅几百米，与测试跑道和赛奥拉诺赛道也只有一街之隔。该博物馆设有赛车荣誉展厅、经典车型展区、创新技术展示区等多个主题区，展示了保留至今的法拉利罕见车型。赛车荣誉展厅陈列着法拉利从 1947 年至今所有的一级方程式冠军赛车；经典车型展区陈列着著名的 250 系列跑车、车型独特的 Dino 跑车等；创新技术展示区则展示法拉利在研发技术领域取得的重大突破，包括法拉利第一款全铝车身跑车 360 Modena、F12 的底盘框架结构、F1 赛车上的动能回收系统及终极超级跑车 LaFerrari 等。

图 5－2－7　法拉利博物馆

八、米卢斯法国国家汽车博物馆

初建时间：20 世纪 50 年代。

现所在地：法国米卢斯。

米卢斯法国国家汽车博物馆（见图 5-2-8）是欧洲最大的汽车博物馆，由热爱汽车的意大利纺织业巨头施伦普夫（Schlumpf）兄弟创建。20 世纪 50 年代出现了一次换车潮，当时很多人想把自己的旧车卖掉以更换新车，施伦普夫兄弟趁机大批购入布加迪及其他豪华车，收藏于纺织厂的仓库里，但高昂的收藏费用和纺织业的不景气让他们负债累累。20 世纪 70 年代，施伦普夫兄弟因工厂欠薪、逃税等问题逃往瑞士，法国政府为避免这批藏品被损坏、倒卖，将它们接管了下来，进而建成了现在的米卢斯法国国家汽车博物馆。

图 5-2-8　米卢斯法国国家汽车博物馆

九、洛曼汽车博物馆

初建时间：1934 年。

现所在地：荷兰海牙。

洛曼汽车博物馆（见图 5-2-9）是世界上最古老的私人汽车博物馆，也是最大的私人汽车收藏馆，由美国建筑师迈克尔·格雷夫斯（Michael Graves）设计。从外面看，该博物馆像是一座欧洲的私人庄园。馆内共有 240 余辆展车，汇集了洛曼家族两代人从 1934 年起收藏的汽车，多为稀世珍品，且多为未经修复的原车。

图 5-2-9　洛曼汽车博物馆

十、亨利福特博物馆

初建时间：1929 年。

现所在地：美国密歇根州迪尔伯恩市。

亨利福特博物馆（见图 5－2－10）最早是亨利·福特的私藏，如今该博物馆不仅有美国汽车发展史上的重要车型，而且几乎所有美国制造业的发明成果在这里都可以看到。馆中共有 100 多万件陈列品，2600 万份文件，涉及工业革命、交通工具、发电机械、日用工具、美国人生活变迁，甚至家居摆设等多个方面。博物馆包含六大主题：汽车及汽车工业的演变、为驾车人服务的路边商业及娱乐设施的发展、消遣性驾驶、汽车广告对文化的影响、汽车设计的美学影响，以及如何使你的汽车具有自己的风格。馆中还陈列着一些颇有历史纪念意义的藏品，包括肯尼迪总统遇刺时乘坐的总统专车、美国民权运动发起人之一的罗莎·帕克斯（Rosa Parks）拒绝让座的公交车、福特公司所生产的第 1500 万辆 T 型车等。

图 5－2－10　亨利福特博物馆一角

十一、洛杉矶彼得森汽车博物馆

初建时间：1994 年。

现所在地：美国加利福尼亚州洛杉矶市。

彼得森汽车博物馆（见图 5－2－11）是一家非营利性的汽车博物馆。2014 年，为庆祝其成立 20 周年，该博物馆重新设计了外部与内部结构，其中建筑外部三面立面和顶部深红色建筑上安装的不锈钢长丝带极具特色，成为该地独特的地标。彼得森汽车博物馆以展出历史上的著名豪华汽车而出名，收藏有超过 150 辆不同时代的名车，包括 1953 款奔驰 W196、1936 款布加迪 57SC Atlantic Coupe，以及 20 世纪 60 年代的迈凯伦 M8 等。此外，该博物馆内也经常承办各种汽车展览活动。

图 5-2-11　洛杉矶彼得森汽车博物馆

十二、东京台场丰田汽车馆

初建时间：1999 年。

现所在地：日本东京台场。

东京台场丰田汽车馆（见图 5-2-12）的口号是“观赏、驾驶、感受”。该博物馆面积 2.4 万平方米，陈列着约 150 辆汽车，包括 70 种不同的型号。馆内包括丰田城市展示间、丰田历史车库与丰田未来世界等展场。除丰田车外，馆内还展出了约 30 辆 20 世纪 50—70 年代的老爷车。在博物馆中，人们可以看到完整的汽车发展史、日本历史上的重要跑车，以及丰田最新开发的车款。

图 5-2-12　东京台场丰田汽车馆

十三、爱知县丰田博物馆

初建时间：1989 年。

现所在地：日本名古屋东郊爱知县。

除东京台场丰田汽车馆外，在名古屋爱知县也有一个丰田博物馆（见图 5－2－13）。博物馆正门口停放着一辆曾作为日本国内主要公交车型、1963 年生产的丰田 FB80 型公交车。该博物馆共分为日本展厅、欧美展厅以及于 1999 年开放的新馆三部分，陈列了来自日本及其他各国的 120 多辆名牌汽车。不仅如此，该博物馆还展示了各个时期的汽车生产线模型，系统地介绍了汽车的发展历史。

图 5－2－13 爱知县丰田博物馆

十四、马自达博物馆

初建时间：1994 年。

现所在地：日本广岛。

马自达博物馆（见图 5－2－14）坐落在日本广岛马自达汽车总部内，最早于 1994 年开幕，并于 2005 年扩大了展馆及展品规模。该博物馆由 6 个展区组成，展示了众多马自达历史上的经典车型，包括马自达第一款转子发动机汽车 Cosmo Sport、20 世纪 90 年代后期唯一量产的转子发动机车型 RX-7，以及勒芒 24 小时耐力赛冠军赛车 787B 等。此外，馆内还展示了马自达当前采用的技术与工艺，包括创驰蓝天技术、新能源汽车马自达 2.RX－8 Hydrogen RE 等。

图 5－2－14 马自达博物馆

学习任务三

世界十大汽车城

一、美国底特律

底特律（见图 5－3－1）号称“世界汽车之都”。底特律是美国的第五大城市，是世界上最大的汽车工业中心。从 1914 年亨利・福特引进汽车生产线后，辉煌时发展成为世界汽车中心。通用、福特、克莱斯勒公司总部均设于此，汽车年产量约占全美 27%。由于产业单一，底特律现今已没落。

图 5－3－1　底特律汽车城

二、日本丰田市

日本爱知县的丰田市是以汽车产业作为发展核心的工业城市，该市总人口约 695.5 万，其中超过一半的市民都是丰田汽车公司的雇员及其家属。丰田的 12 家国内工厂全部设在爱知县内，其中 7 家工厂在丰田市。丰田集团办公楼见图 5－3－2。

图 5-3-2　丰田集团办公楼

三、日本东京

日本的首都东京是世界最大的城市之一，也是日本的政治、经济和文化中心。著名的汽车公司日产、本田、三菱、五十铃公司总部均设在此地。在东京，为汽车企业服务的人员多达几十万。日产公司在东京的雇员总数近 13 万人，公司可年产汽车 320 万辆。本田公司雇员总数达 11 万人左右，汽车产量高达 300 万辆。

图 5-3-3 所示为日本东京日产总部大楼。

图 5-3-3　日本东京日产总部大楼

四、德国斯图加特

斯图加特是德国西南重镇，斯图加特这个地名源自德语“马场”，古时这里曾是王公贵族的养马场。它位于内卡河中游河谷地带，是巴登－符腾堡州的首府，面积约 207 平方千米，全城人口 60 万。著名的奔驰和保时捷公司的总部都设在这里。奔驰汽车制造业是斯图加特的主体工业，在斯图加特，几乎家家都有奔驰车。参观奔驰、保时捷博物馆和奔驰汽车制造厂是游客游览斯图加特的重要活动。斯图加特每年要接待 14 万来自世界各地的汽车用户和汽车商及参观旅游的人。

五、德国沃尔夫斯堡

大众汽车公司所在地沃尔夫斯堡市也称狼堡，位于德国下沙克森州，总面积 310 平方千米，人口约 13 万。欧洲最大的制造厂商——大众集团总部就坐落于此。自从 1934 年大众集团成立以来，就带动了该城市的发展，1938 年，该市作为德国当时现代化的汽车城而兴建起来，开始逐步成为德国北部的工业重镇和欧洲最大的汽车制造中心。现在沃尔夫斯堡市市民中的 40% 都在大众汽车厂上班，大众集团在沃尔夫斯堡市的员工达 5 万人。

六、德国吕塞尔海姆

吕塞尔海姆是美国通用汽车公司最大的海外子公司——欧宝汽车公司总部所在地。欧宝汽车公司有雇员 5.9 万人，年产量 100 多万辆汽车。2000 年，欧宝又投资兴建新工厂，并于两年后投产。欧宝吕塞尔海姆工厂最高日产量可达 1100 台。一辆汽车从冲压开始到组装完毕只需 15 个小时。另外，现代起亚的欧洲研发中心也设在吕塞尔海姆市。

七、意大利都灵

都灵位于意大利西北部，是皮埃蒙特大区的首府，也是意大利的第四大城市。都灵的汽车工业十分发达，是意大利最大汽车集团菲亚特公司总部所在地。全城人口约 120 万，其中 30 多万人从事汽车工业，每年生产的汽车占意大利汽车总产量的 75%。

八、法国巴黎

历史名城巴黎是欧洲大陆最大的城市，它位于法国北部盆地的中央，横跨塞纳河两岸。法国最大汽车集团公司——标致－雪铁龙公司总部即设在此地。巴黎车展是世界上第一个车展，与法兰克福车展、日内瓦国际汽车展、北美车展和东京车展并称为“五大车展”。自 1898 年至 1976 年，每年一届，此后每两年一届。每年的 9 月底至 10 月初在巴黎举行。巴黎车展被视作全球汽车行业的“风向标”，在业界具有较大的影响力。

九、法国比古扬

法国比古扬是雷诺汽车公司所在地，是世界著名的汽车城，它地处塞纳河河曲的布洛涅森林之南，人口约 10.3 万人。雷诺汽车制造厂创立于 1898 年，因为在第二次世界大战期间为德国法西斯生产武器和军火，所以第二次世界大战结束后该公司被法国政府接管并收归国有，目前是法国最大的国有企业。该公司除生产各型汽车外，还涉足发动机、农业机械、自动化设备、机床、电子业、塑料橡胶业等工业。

十、英国伯明翰

伯明翰位于英格兰中部，是仅次于伦敦的英国第二大城市。该市市区面积 209 平方千米，人口 100.7 万。伯明翰是英国的传统工业城市，如今是英国的汽车城，世界各大汽车生产厂商都在这里设立了分公司，是利兰汽车公司总部所在地。伯明翰的工业产值占英国工业产值的 1/5，享有“世界车间”的美称。

学习任务四

世界著名汽车博览会

一、德国法兰克福车展

德国法兰克福车展创办时间：1897 年。现车展地：法兰克福展览中心（见图 5-4-1）。法兰克福车展是世界上最早举办的国际车展，也是世界规模最大的车展，有世界汽车工业“奥运会”之称。法兰克福车展的官方名称是 IAA，即国际汽车展会，1897 年起源于德国柏林，1951 年 IAA 车展移师法兰克福，设定为每年一届，轿车和商用车轮流展出。随着参观人数和展商数量的逐年增加，1989 年，组织方决定将 IAA 分拨，在法兰克福集中于乘用车，两年一届，奇数年举办；商用车展移师德国汉诺威，偶数年举办。法兰克福车展展览时间一般在 9 月中旬，为期两周左右，展商主要来自欧洲、美国和日本，尤其以德国企业为主体，包括奔驰、大众、奥迪等老牌公司均会在车展上一显身手。2005 年，吉利汽车首次参加法兰克福车展，实现了中国汽车品牌亮相世界五大车展（法兰克福车展、巴黎车展、日内瓦车展、北美车展、东京车展）“零的突破”。

图 5-4-1　法兰克福展览中心

二、巴黎车展

创办时间：1898 年。现车展地：凡尔赛门展览中心（见图 5-4-2）。巴黎车展起源于 1898 年的国际汽车沙龙会，直至 1976 年是每年一届，此后每两年一届，与法兰克福车展交替举办，时间在 9 月底至 10 月初。不同于很多车展偏向于本国企业的做法，巴黎车展对所有参展商一视同仁，给国外的参展商以同样充分的空间。巴黎车展总是围绕“新”字做文章，各种新奇古怪的概念车云集，常常使观众眼前一亮。

图 5-4-2　巴黎凡尔赛门展览中心

三、日内瓦车展

日内瓦车展创办时间：1924 年。现车展地：巴莱斯堡国际展览中心（见图 5-4-3）。日内瓦车展起源于 1905 年的“国家汽车和自行车”展，1924 年正式创办，如今每年 3 月份在瑞士日内瓦的巴莱斯堡国际展览中心举行，是欧洲唯一每年举办的大型车展。日内瓦车展素有“国际汽车潮流风向标”之称，以展示豪华车及高性能改装车为主，每年大量新车借此平台发布。如今，日内瓦车展已涉及 30 余个国家、250 多个参展商、近千个品牌参展，其实际参展面积约 72000 平方米。日内瓦车展对每个参展商一视同仁，所有展台都不允许有过大的公司标牌和展位阻挡视线，体现出公平、中立的特征。

图 5-4-3　巴莱斯堡国际展览中心

四、北美车展

北美车展创办时间：1907 年。现车展地：美国底特律寇博中心（Cobo Center）（见图 5-4-4）。北美车展原名“底特律车展”，1989 年更名为“北美国际汽车展”，每年一届，在 1 月份举行，是北美洲规模最大的国际车展。与欧洲的各大车展不同，北美车展一贯以车为主，或者说以消费者的购车意愿为导向，将美国、加拿大等本土消费者作为核心目标，推出一系列的本地化产品，即充满美式风格的汽车产品。参与北美车展的各大厂商也会相应推出旗下产品的北美版本。

图 5-4-4　寇博中心

五、东京车展

东京车展创办时间：1954 年。现车展地：千叶县幕张展览中心（见图 5-4-5）。东京车展是国际五大车展中历史最短也是亚洲最大的国际车展，被誉为“亚洲汽车风向标”。东京车展最初的名称为“全日本汽车展览”，起初每年一届。1973年，国际能源危机爆发，展览改为每两年一届。1999—2005年，展览恢复为周年性活动，但分为轿车、机车及商用车两种类型，轮流举办。2007年起，轿车、商用车、机车和相关零件合并展览，重新变为两年一届。日本本土生产的各式小型车向来是东京车展的主角，相比而言，国际汽车厂商的最新产品占少数。东京车展的特点之一是车型极多，但并非概念车，而是针对不同人群量身定做的车型，例如专门为残疾人设计的汽车、针对不同性别与年龄层次设计的车型等，体现了日本汽车定位精细的特点。

图5-4-5　幕张展览中心

六、北京车展

北京车展创办时间：1990年。现车展地：中国国际展览中心，新馆（见图5-4-6）整车展览，老馆（见图5-4-7）零部件展览。北京车展每两年一届，通常在4月下旬至5月上旬举行，有“中国汽车工业发展风向标”之称。自创办以来，规模不断扩大，展品品质逐步提高，影响力也日趋扩大。随着车展规模的不断壮大，展会功能也不仅仅是单纯的产品展示，更是企业发展战略发布、形象展示的窗口，是全球汽车公司与零部件厂商体现企业形象、展现科技实力的大舞台。

图5-4-6　中国国际展览中心新馆

图5-4-7　中国国际展览中心老馆

七、上海车展

上海车展创办时间：1985 年。现车展地：上海国际会展中心（见图 5－4－8）。上海国际车展每两年一届，在 4 月下旬举行。2004 年 6 月，上海国际车展通过国际博览联盟 UFI 的认证，成为中国第一个经 UFI 认可的汽车展。经过 30 余年的发展，上海车展已成为中国最权威、国际上最具影响力的汽车大展之一，其国际巨头参展阵容之强大、亚洲或全球首发车型数量及概念车数量之多，均是国内车展中少有的，成为上海车展的重要特征之一。

图 5－4－8　上海国际会展中心

学习任务五

汽车广告

汽车广告（Automotive Advertising）（见图 5－5－1）的立足点是企业。做广告是企业向广大消费者宣传其产品用途、产品质量，展示企业形象的商业手段。在这种商业手段的运营中，企业和消费者都将受益。企业靠广告推销产品，消费者靠广告指导自己的购买行为。不论是传统媒介还是网络传播媒介，广告信息为人们提供了非常方便的购物指南。因此，在当前的信息时代，我国的汽车企业应运用多种媒体做广告，宣传本企业的产品，否则会贻误商机。

一、媒体选择

广告策划要根据媒体不同，安排不同的诉求内容和创意手段。汽车较之其他商品具有高附加值的特性。广告牌可以突出整车独有的高档商品非凡之气势；电视可以表现其与众不同的车型和动力性能；报纸、期刊则能够详细介绍车辆的油耗、发动机排量和相关配置。汽车是一个适应性比较全面的大宗商品，它能给予企业的广告策划者发挥巨大的想象力空间。

汽车企业在做广告策划的同时，也是研究消费者购买心理和购买行为的过程。汽车广告策划的原则是让消费者“喜闻乐见，明白可亲或悬念难忘”。消费者认可了产品，汽车企业才会有广阔的发展前景。

图 5-5-1　汽车广告

二、广告缺失创意

从目前国内已发布的汽车广告来看，创意性质的广告较多，策划式的广告相对贫乏。有的平面广告把发动机、ABS、安全气囊当作小商品依次摆齐，缺乏大气；有的电视广告只见一辆汽车飞奔而去，其广告语却不知所云，不仅没有回味，还让人一时听不明白。商品广告要在别出心裁的策划基础上，加上精美绝伦的艺术创意，才能让消费者从广告策划、创意水准中管中窥豹，使汽车企业在消费者心目中留下一个先入为主的好印象。

三、广告特点

广告策划是一个过程，这个过程要靠广告创意来具体实现（见图 5-5-2）。广告创意的成果既合情合理，又常常出人意料。商业广告的策划和创意是一个“大胆设想，小心求证”的过程。在广告的策划中可以驰骋想象，在广告的创意中要周密细致。所以说，广告策划是宏观的，广告创意则是微观的。广告策划是广告的灵魂，而广告创意则是广告灵魂的表现形式。

图 5-5-2 汽车广告创意实现

学习任务六

汽车模型

汽车模型简称车模。与集邮、钱币收藏和古玩收藏一样，车模同样也给收藏者带来无穷的乐趣。受到爱车人士的青睐。各汽车生产厂继而争相效仿，在推出新车的同时纷纷推出新款车模。1925 年出现了别克牌迷你车模，随即，英国、法国等欧洲国家也陆续出现了各类品牌的车模。而玩具与车模则不同，它只要线条和原车相似，并具有可动的功能，偏于追求趣味性，满足游戏的心理。此外，比较高端的车模在车身烤漆、发动机、变速箱、车轮、车灯、后视镜等都制作得跟真车相仿。

一、汽车模型起源

1914 年，美国福特汽车公司为与通用进行竞争，生产了世界上第一批车模，福特在销售 T 型车的同时，赠送给购车者一个精致 T 型车小模型作为礼品。从此，各汽车生产商在新车上市的同时推出同款车的车模。如今，收藏车模已成为一种新的时尚，收藏者从梦幻般的车模王国中品味到了丰富的汽车文化。

二、汽车模型比例

车模比例是指车模厂家严格按真车大小进行缩小的比例倍数，常见的比例有 1∶10.1、1∶12.1、1∶18.1、1∶24.1、1∶43.1、1∶64，此外还有 HO 比例、N 比例等。以轿车为例，1∶12 ≈ 40cm，1∶18 ≈ 25cm，1∶24 ≈ 18cm，1∶43 ≈ 10cm，1∶64 ≈ 7cm，其他车型可以查出真车尺寸后，除以相应的比例可得出模型尺寸。不同比例的车模见

图 5－6－1。

图 5－6－1　不同比例的车模

三、汽车模型种类

1. 手板汽车模型

手板汽车模型如今得到众多模型爱好者的青睐，因为手板模型的做工越来越精致，材料虽然不是合金，主要是树脂材料，但由于数量有限，细节丰富，极具收藏价值。

2. 合金汽车模型

合金汽车模型以钢铁材料应用最多，如各种规格的钢铁、管材、板材，少量的也用一些铝合金等其他金属材料。金属模型材料的制作，主要考虑力学性能和成本等方面的因素。力学性能主要从金属材料的强度、弹性、硬度、刚度以及抗冲击拉伸的能力等方面来考虑。金属模型加工工艺主要有切削、焊接、铸造、锻造等。因实验室加工条件有限，所以金属模型工艺选择较少。

四、收藏类型

收藏类型中最为人称道的是“品牌专一型”。他们是某个著名汽车品牌的忠实发烧友，拥有这个品牌历史上所有汽车的模型是他们的梦想。能有这样的魅力，而模型品种又非常齐全的汽车品牌，无外乎是像法拉利、保时捷这样历史悠久的品牌。其他适合爱好者“专一”的汽车品牌还有奔驰、宝马、美洲虎等。有一些大品牌中的某个车系也有悠久而富有传奇色彩的历史，同样适合爱好者收藏，比如雪佛兰的克尔维特（Corvette）系列、福特的野马（Mustang）系列、迷你（Mini）系列等。

学习任务七

车牌文化

一、中国车牌

中国（不含港澳台地区，下同）车牌不同的年代有所变化，表 5－7－1 展示的仅供参考，具体以实物为准。

表 5－7－1　中国车牌

<table>
<tr><td colspan="2">注：图片仅供参考，以实物为准。</td></tr>
<tr><td>1. 新能源汽车专用号牌：绿底黑字黑框线，新能源汽车号牌为渐变绿色，大型新能源汽车号牌为黄绿双拼色（地区代码部分为黄色，号码部分为绿色）。</td><td>

小型纯电动汽车号牌

大型非纯电动汽车号牌

大型纯电动汽车号牌

小型非纯电动汽车号牌</td></tr>
</table>

续表

2. 大型汽车号牌：黄底黑字黑框线。中型（含）以上载客、载货汽车和专项作业车；半挂牵引车；电车。	 前号牌  后号牌
3. 挂车号牌：黄底黑字黑框线。全挂车和不与牵引车固定使用的半挂车。	 挂车号牌
4. 小型汽车号牌：蓝底白字白框线。中型以下载客、载货汽车和专项作业车。	 小型汽车号牌
5. 使领馆汽车号牌：黑底白字白框线。白“使”“领”字，驻华使、领馆汽车。	 大使馆汽车号牌  领事馆汽车号牌
6. 港澳入出境车号牌：黑底白字白框线，白“港”“澳”字，白框线。港澳地区入出内地的汽车。	 香港入出境车号牌  澳门入出境车号牌
7. 教练车号牌：黄底黑字黑框线，黑“学”字。黑框线。教练用汽车。	 教练汽车号牌

续表

8. 警车号牌：白底黑字（“警”字为红字）黑框线。汉字与字母之间前点后杠。汽车类警车。	 警用汽车号牌
9. 应急救援车辆号牌：白底黑字（前号牌的“S”“X”和前后号牌的“应急”为红字）黑框线。	 应急救援汽车号牌（前、后）
10. 普通摩托车号牌：黄底黑字黑框线。（2014 年起取消前号牌发放）	 普通摩托车前号牌  普通摩托车后号牌
11. 轻便摩托车号牌：蓝底白字白框线。（2014 年起取消前号牌发放）	 轻便摩托车前号牌  轻便摩托车后号牌

二、中国发牌机关代号

现行民用车牌为 92 式，自 1994 年 7 月开始全国使用。

车牌第一位是汉字：代表该车户口所在的省级行政区，为各省（自治区、直辖市）的简称。车牌第二位是英文字母：代表该车户口所在的地级行政区，一般为各地级市、地区、自治州、盟字母代码。具体见表 5－7－2。

表 5－7－2 发牌机关代号

地区	代号	地区	代号
北京市（京）	京A（含公交），京B（出租车），京C，京D（警车），京E，京F，京G，京H，京J，京K，京L，京M，京N，京P，京Q（城区），京Y（远郊区）	天津市（津）	津A（含公交，警车），津B，津C，津D，津E（出租车），津F，津G，津H，津J，津K，津L，津M，津N，津P，津Q，津R
河北省（冀）	冀A石家庄，冀B唐山，冀C秦皇岛，冀D邯郸，冀E邢台，冀F保定，冀G张家口，冀H承德，冀J沧州，冀R廊坊，冀T衡水	山西省（晋）	晋A太原，晋B大同，晋C阳泉，晋D长治，晋E晋城，晋F朔州，晋H忻州，晋J吕梁，晋K晋中，晋L临汾，晋M运城
内蒙古自治区（蒙）	蒙A呼和浩特，蒙B包头，蒙C乌海，蒙D赤峰，蒙E呼伦贝尔，蒙F兴安，蒙G通辽，蒙H锡林郭勒，蒙J乌兰察布，蒙K鄂尔多斯，蒙L巴彦淖尔，蒙M阿拉善	辽宁省（辽）	辽A沈阳，辽B大连，辽C鞍山，辽D抚顺，辽E本溪，辽F丹东，辽G锦州，辽H营口，辽J阜新，辽K辽阳，辽L盘锦，辽M铁岭，辽N朝阳，辽P葫芦岛
吉林省（吉）	吉A长春（除公主岭），吉B吉林，吉C四平、长春市、公主岭市，吉D辽源，吉E通化，吉F白山，吉G白城，吉H延边，吉J松原，吉K长白山保护开发区	黑龙江省（黑）	黑A哈尔滨，黑B齐齐哈尔，黑C牡丹江，黑D佳木斯，黑E大庆，黑F伊春，黑G鸡西，黑H鹤岗，黑J双鸭山，黑K七台河，黑L哈尔滨所属县及县级市（原松花江地区），黑M绥化，黑N黑河，黑P大兴安岭地区，黑R原黑龙江农垦总局所属垦区
上海市（沪）	沪A，沪B，沪C（远郊区，不能进外环线），沪D，沪E，沪F，沪G，沪H，沪J，沪K，沪L，沪M，沪N（市区）	江苏省（苏）	苏A南京，苏B无锡，苏C徐州，苏D常州，苏E苏州，苏F南通，苏G连云港，苏H淮安，苏J盐城，苏K扬州，苏L镇江，苏M泰州，苏N宿迁，苏U苏州增补
浙江省（浙）	浙A杭州，浙B宁波，浙C温州，浙D绍兴，浙E湖州，浙F嘉兴，浙G金华，浙H衢州，浙J台州，浙K丽水，浙L舟山	安徽省（皖）	皖A合肥，皖B芜湖，皖C蚌埠，皖D淮南，皖E马鞍山，皖F淮北，皖G铜陵，皖H安庆，皖J黄山，皖K阜阳，皖L宿州，皖M滁州，皖N六安，皖P宣城，皖R池州，皖S亳州

续表

地区	代号	地区	代号
福建省（闽）	闽A福州（除平潭县），闽B莆田，闽C泉州，闽D厦门，闽E漳州，闽F龙岩，闽G三明，闽H南平，闽J宁德，闽K省直系统、福州市平潭县	江西省（赣）	赣A南昌，赣B赣州，赣C宜春，赣D吉安，赣E上饶，赣F抚州，赣G九江，赣H景德镇，赣J萍乡，赣K新余，赣L鹰潭，赣M南昌增补、省直系统，赣S（原赣T）江西省国家安全系统
山东省（鲁）	鲁A济南，鲁B青岛，鲁C淄博，鲁D枣庄，鲁E东营，鲁F烟台，鲁G潍坊，鲁H济宁，鲁J泰安，鲁K威海，鲁L日照，鲁M滨州，鲁N德州，鲁P聊城，鲁Q临沂，鲁R菏泽，鲁S济南增补（原莱芜市车牌号），鲁U青岛增补，鲁V潍坊增补，鲁Y烟台增补	河南省（豫）	豫A郑州，豫B开封，豫C洛阳，豫D平顶山，豫E安阳，豫F鹤壁，豫G新乡，豫H焦作，豫J濮阳，豫K许昌，豫L漯河，豫M三门峡，豫N商丘，豫P周口，豫Q驻马店，豫R南阳，豫S信阳，豫U济源市，豫V郑州增补，豫AA郑州纯电动新能源
湖北省（鄂）	鄂A武汉，鄂B黄石，鄂C十堰，鄂D荆州，鄂E宜昌，鄂F襄阳，鄂G鄂州，鄂H荆门，鄂J黄冈，鄂K孝感，鄂L咸宁，鄂M仙桃市，鄂N潜江市，鄂P神农架林区，鄂Q恩施，鄂R天门市，鄂S随州，鄂W武汉增补	湖南省（湘）	湘A长沙，湘B株洲，湘C湘潭，湘D衡阳，湘E邵阳，湘F岳阳，湘G张家界，湘H益阳，湘J常德，湘K娄底，湘L郴州，湘M永州，湘N怀化，湘S省直系统，湘U湘西
广东省（粤）	粤A广州，粤B深圳，粤C珠海，粤D汕头，粤E佛山，粤F韶关，粤G湛江，粤H肇庆，粤J江门，粤K茂名，粤L惠州，粤M梅州，粤N汕尾，粤P河源，粤Q阳江，粤R清远，粤S东莞，粤T中山，粤U潮州，粤V揭阳，粤W云浮，粤Z港澳进入内地车辆	广西壮族自治区（桂）	桂A南宁，桂B柳州，桂C桂林，桂D梧州，桂E北海，桂F崇左，桂G来宾，桂H除阳朔县以外的桂林市下辖县（原桂林地区），桂J贺州，桂K玉林，桂L百色，桂M河池，桂N钦州，桂P防城港，桂R贵港
海南省（琼）	琼A海口，琼B三亚，琼C三沙、琼北地区（文昌市、琼海市、万宁市、临高县、澄迈县、定安县、屯昌县），琼D琼南地区（五指山市，东方市，昌江黎族自治县，白沙黎族自治县，乐东黎族自治县，陵水黎族自治县，保亭黎族苗族自治县，琼中黎族苗族自治县），琼E洋浦经济开发区，琼F儋州	重庆市（渝）	渝A、渝B、渝C、渝D、渝F、渝G、渝H、渝N（国有政企专用牌照）

续表

地区	代号
四川省（川）	川A成都，川B绵阳，川C自贡，川D攀枝花，川E泸州，川F德阳，川G成都增补，川H广元，川J遂宁，川K内江，川L乐山，川M资阳，川Q宜宾，川R南充，川S达州，川T雅安，川U阿坝，川V甘孜，川W凉山，川X广安，川Y巴中，川Z眉山
云南省（云）	云A昆明，云C昭通，云D曲靖，云E楚雄，云F玉溪，云G红河，云H文山，云J普洱，云K西双版纳，云L大理，云M保山，云N德宏，云P丽江，云Q怒江，云R迪庆，云S临沧
陕西省（陕）	陕A西安，陕B铜川，陕C宝鸡，陕D咸阳（除杨陵区），陕E渭南，陕F汉中，陕G安康，陕H商洛，陕J延安，陕K榆林，陕U西安增补，陕V咸阳市杨凌区
青海省（青）	青A西宁，青B海东，青C海北，青D黄南，青E海南，青F果洛，青G玉树，青H海西
甘肃省（甘）	甘A兰州，甘B嘉峪关，甘C金昌，甘D白银，甘E天水，甘F酒泉，甘G张掖，甘H武威，甘J定西，甘K陇南，甘L平凉，甘M庆阳，甘N临夏，甘P甘南
宁夏回族自治区（宁）	宁A银川，宁B石嘴山，宁C吴忠，宁D固原，宁E中卫
贵州省（贵）	贵A贵阳，贵B六盘水，贵C遵义，贵D铜仁，贵E黔西南、贵F毕节，贵G安顺，贵H黔东南，贵J黔南
西藏自治区（藏）	藏A拉萨，藏B昌都，藏C山南，藏D日喀则，藏E那曲，藏F阿里，藏G林芝
新疆维吾尔自治区（新）	新A乌鲁木齐，新B昌吉、自治区直辖五家渠市，新C自治区直辖石河子市，新D伊犁哈萨克自治州奎屯市、自治区直辖胡杨河市，新E博尔塔拉、自治区直辖双河市，新F伊犁（除奎屯市）、自治区直辖可克达拉市，新G塔城，新H阿勒泰、自治区直辖北屯市，新J克拉玛依，新K吐鲁番，新L哈密，新M巴音郭楞，自治区直辖铁门关市，新N阿克苏、自治区直辖阿拉尔市，新P克孜勒苏，新Q喀什（除叶城县）、自治区直辖图木舒克市，新R和田、喀什叶城县，新S自治区直辖昆玉市

三、临时牌照

汽车临时牌照是指汽车由于一些手续的办理，还未正式落户前由公安车管部门发放的临时车辆行驶证明。临时号牌的使用具有时限性和区域性。

学习任务八

汽车与生活

一、汽车的社会地位

自汽车诞生，经过众多发明家、工程师、艺术家、能工巧匠的精雕细琢，吸收了世界无数的新技术，它已经成为一种精巧绝伦的高科技产品；作为“改变世界的机器”，它是连接第一、第二、第三产业的纽带，是人类物质文明及精神文明的结晶，汽车的百年史凝聚着近百年人类工业文明的全部成果。

现在，汽车已经渗透到现代社会活动的各个方面，从生产活动到日常生活，从体育竞技到军事活动，哪里都离不开汽车。然而，现代化的汽车又给现代人带来不少困扰，如：市区的堵车和停车难、频繁的交通事故、汽车废气和噪声造成有环境污染，甚至发生与汽车有关的犯罪案例等，都是现代汽车进一步发展所要解决的问题。

二、汽车——世界工业经济发展的龙头

汽车是世界上唯一兼有零件数以万计、产量数以千万计，保有量数以万万计的综合性、高精度、大批量生产的工业产品。汽车工业的发展，带动了交通、能源、冶金、制造、化工、电子等一大批相关产业的发展，汽车是经济持续发展的发动机、产业结构升级的推进器。中国正在逐渐成为新兴汽车生产基地，汽车产业将在很大范围内促进产业升级，成为我国实现新兴工业化的重要载体。汽车产业可以带动的行业和产业面之宽，能包容和吸收各种新技术、新材料、新工艺、新装备之广，可形成的生产规模、市场规模之大，可创造的产值、税收和就业岗位至多，对国民经济拉动作用之大、之持久，对改善人民生活质量作用之显要，对管理实践的推动和管理理论的提升之深刻，是其他产业难以相比的。因此各个国家莫不把汽车产业作为国家经济发展与社会进步的支柱行业给予支持。汽车工业是世界上第一个全球化的工业，是一个非常重要的支柱产业。

三、汽车——科学技术的舞台

在汽车发展的各个时期，都折射出当时科学技术发展的辉煌。现在汽车不是过去单纯的机械工程的体现，从传统的机械产品变为机电一体化产品；而是机械、电子、化学、材料、光学等众多学科技术的结合体。与汽车有关的学科很多，研究领域更多，现代汽车已

经运用诸如空气动力学、工程热物理、电子学控制论、模糊数学、人体工程学等基础学科研究成果；运用诸如计算机网络技术、多媒体、电子技术、激光、红外线及航空等高新技术及新材料。

新技术新材料的应用使得世界汽车工业在提高产品质量及性能方面，已经取得惊人的成就。

1. 汽车速度

当初不用马的马车的速度只有 10km/h。现代载货汽车的速度可达 90 ～ 120km/h，轿车的速度为 130 ～ 240km/h，赛车的速度为 400km/h。专门研制用于创造最高纪录的汽车速度已达 1370km/h，这是英国 ThrustSSC 公司研制的新式汽车多年前创造的世界纪录。尽管这种汽车实际使用的可能性较小，但展示了汽车工业在设计和制造超高速运输工具方面的成就。

2. 汽车的能耗

汽车的能耗与发动机排量有关，以排量为 1L 左右的轿车为例，百千米油耗为 4 ～ 6L，排量为 3L 左右的轿车百千米油耗为 7 ～ 12L，但排量越小的车未必油耗就越低。目前，我国在售轿车的平均油耗约为百千米 8.06 升。

3. 汽车的有害排放

20 世纪 50 至 60 年代发生了伦敦烟雾事件及洛杉矶化学烟雾事件，从此人们开始注意减少和控制汽车有害排放物。借助科技的力量及汽车行业的努力，现代汽车有害排放物只有未进行控制时的 4% ～ 10%，有些排放指标先进的汽车已达到国际制定的严格的排放标准及低排放标准。

四、汽车——促进技术与环境的协调

汽车在日常生活方面，节省了人们消耗在旅途上的时间；使世界变小，加快了社会进步的节奏；也改变了我们的生活方式，形成了汽车文化。在国防方面，汽车运送军事物资和后勤给养，完成作战部队快速调动等。此外，不少武器装备本身就是以车辆系统为其重要组成部分的，如坦克、战车、自行火炮等。

一个世纪以来，汽车作为重要的交通运输工具，给人类创造了无穷的效益，现代汽车已成为人们追求性能、舒适、表现个性不可缺少的消费品。但随着保有量的增加，汽车也给人类带来了污染环境、噪声增加、交通拥挤堵塞、缺少停车场及频繁的车祸等弊病。人们已经不能随心所欲地发展汽车技术，而必须考虑与环境保护相协调。社会在发展进步，人们的生活质量在提高，人们对自然环境和地球资源的保护意识在增强，对汽车的要求也越来越高。汽车的公害问题已得到人们的普遍认识，成了亟待解决的社会问题。近年来，在各国科学家、技术工程人员的艰辛努力下，取得了卓有成效的进展。现代汽车在与能源、环境、交通安全等问题的协调解决中不断以新的面貌出现，继续伴随着人们去创造更加灿烂的明天。

重点回顾

1. 著名的汽车杂志、博物馆和展览会。
2. 汽车与生活的关系。

学后测评

1. 世界十大汽车城的名称。
2. 简述中国不同省份的车牌特点。

学生反思

为什么我们的生活离不开汽车？

模块六

汽车运动

导读

汽车运动是指以风冷或水冷型内燃机、电动机为动力，四个或四个以上轮子在地面行驶，至少以两个轮子作为转向的转向盘式机动车辆作为器材进行的国际和国内竞争、训练、培训以及带有竞技性质的汽车旅游、探险、娱乐和表演活动。

学习目标

知识目标

1. 了解汽车运动的历史。
2. 了解世界著名的汽车比赛。

能力目标

1. 清楚汽车比赛的分类。
2. 清楚世界著名的汽车比赛的历程。

素质目标

培养学生良好的人生观和价值观。

学习任务一

汽车运动起源

一、赛车的定义

汽车运动，也叫赛车，英文 Motorsport，是指利用机动车所进行的竞技体育活动，分竞速赛和技巧型比赛。前者如 F1、勒芒 24 小时耐力赛、美国 NASCAR，后者如漂移赛等。我们所提到的赛车比赛，是指在专业的组织下进行的比赛。参赛的可以是非职业车手，但是组织者需要具备专业资质，不能与马路飙车混为一谈。同时需要特别强调的是，尽管职业赛车发展到今天，安全已经达到很高的水平，但赛车运动仍然是危险的。

二、赛车的起源

1886 年戴姆勒造出了世界上第一辆四轮汽车，第二年，也就是 1887 年 4 月，第一场汽车比赛在时尚之都巴黎进行，赛程 2 千米。此后，汽车运动拉开序幕。汽车比赛的诞生，改变了当时人们认为马车是唯一的交通工具的观念，并促进了汽车制造的发展。

1901 年，法国汽车厂商 Mors 生产的搭载 V 型发动机的 MorsTypeZ 能达到时速 111.8 千米。这不仅仅是单纯的速度增加，而是汽车内燃机的变革与汽车制造的蜕变。

18、19 世纪之交，是各种汽车配件集中生产发明的时期，如内燃机、变速器、轮胎、火花塞、变速传动装置等，每一个重要部件革新的背后都是如今一个耳熟能详的国际大品牌汽车。为了展示自己的产品，更好地宣传，竞争抢占市场，汽车制造商们热衷于举行各种赛车比赛。汽车赛车运动就此诞生，并大力发展。

学习任务二

汽车运动分类

按照比赛场景的不同，赛车可以粗略地划分为两大类：在固定场地举办的场地赛和在野外进行的点对点的拉力赛（见图 6－2－1）。

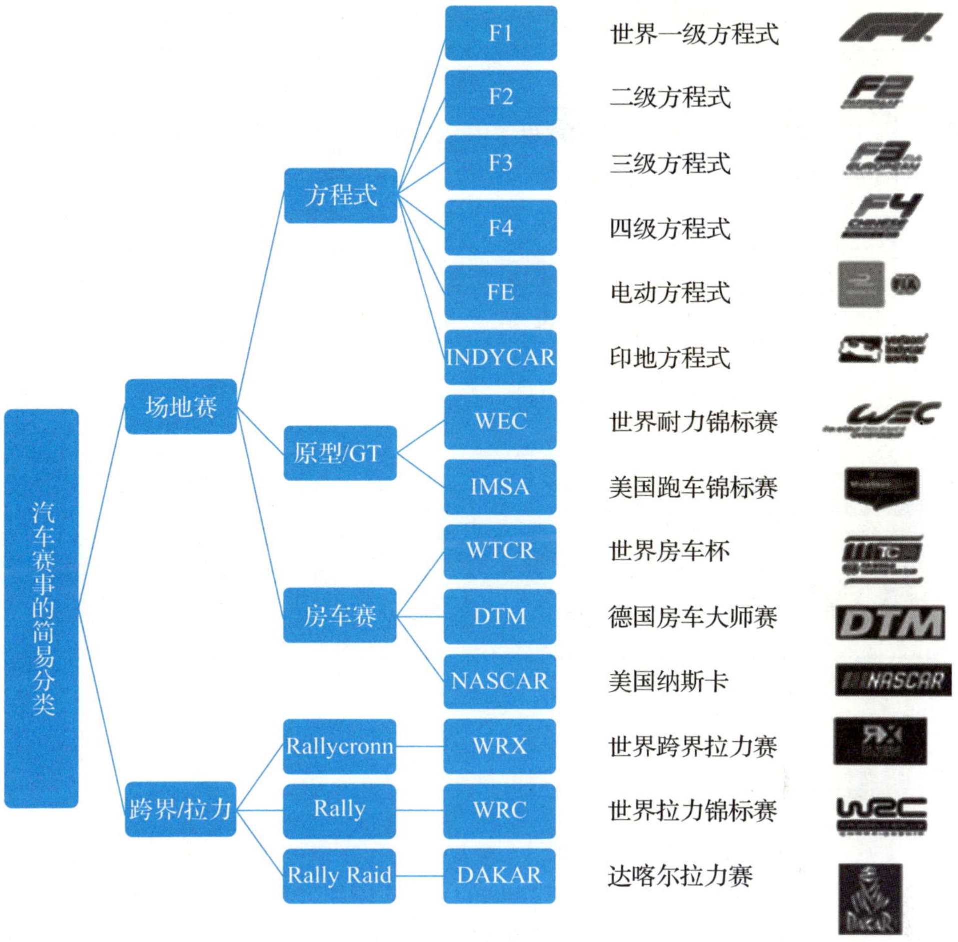

图 6－2－1　汽车赛事分类

场地赛，指在固定场地举行的机动车竞技活动，可以是绕着闭环赛道转圈，如 F1，也可以是单向运动，如直线加速赛 Topfuel，或者是在专门设计的赛道上，进行技巧型表演，如漂移。其中第一类是最常见的场地赛类型。

绕圈型场地赛主要有两种决定胜负的方式：一种是完成特定的比赛距离，如一场 F1 比赛在 300 千米左右，第一辆抵达终点的赛车获得冠军；另一种是限定比赛时间，谁跑的里程最多谁赢，如法国勒芒 24 小时耐力赛。

绕圈型场地赛按照参赛车型，可进一步划分为：方程式、原型车、GT 赛车、房车赛，卡丁车等。方程式（Formularacing）原意是指竞赛规范，即赛车要依据国际汽联（FIA）所领发的规则制造赛车，包括赛车的长度、宽度、最小重量、发动机排量的大小、轮胎的尺寸等。世界上有很多种“方程式”，FIA 举办了 F1、F2 和 F3 等方程式赛事。而不同的汽车厂商也可以自己制定规则，举办相关的方程式比赛，例如雷诺方程式（Formula Renault）。F1 每年要选择地理条件迥然不同的赛场。它们有的是在高原上、有的是由街道串成。2008 年的新加坡站开始有了在夜间进行的比赛。其他方程式赛车包括美国的印地方程式赛（IndyCar Series）、日本的超级方程式锦标赛（Super Formula）、女子方程式赛（W Series）等。

F1、F2、F3、F4 技术参数对比见表 6－2－1。

表 6－2－1　F1、F2、F3、F4 技术参数对比

赛事	引擎	车重	变速箱	0～100km/h	0～200km/h	尾速	G-max
F1	1.6 V6T+ERS	746kg	8 速	<2.4s	<5.0s	350km+	6.5g
F2	3.4 V6T	755kg	6 速	2.9s	6.6s	335km	3.9g
F3	3.4 V6NA	—	6 速	3.1s	7.8s	300km	2.6g
F4（德车）	1.4 L4T	565kg	6 速	3.8s	—	210km	—

学习任务三

F1 锦标赛

一、定义

世界一级方程式锦标赛（FIA Formula 1 World Championship，简称 F1）的标志见图 6－3－1，它是国际汽车运动联合会（FIA）举办的最高等级的年度系列场地赛车比赛，是当今世界最高水平的赛车比赛，与奥运会、世界杯足球赛并称为“世界三大体育盛事”。首次比赛于 1950 年在英国银石赛道举行。

图 6－3－1　F1 标志

二、F1 的发展

F1 的发展历史，本质上就是汽车技术的进化史。每一次的引擎改变都是汽车发动机

的不断革新。从最早大排量加机械增压，演变为小排量自然吸气。2009 年，为了响应环保要求，逐步实现"碳中和"的目标，梅赛德斯 – 奔驰首先引入第一代 KERS 系统，其本质是储能电池以及动力电子系统，这就是混合动力。2014 年，各支车队耗费大量的研发人力和财力进行引擎技术改革，引入 1.6TV6 涡轮增压混合动力单元来取代之前的 V8 引擎。这也正式宣告 F1 赛车进入混动动力赛车。

三、F1 的影响

F1 是目前世界上赛车运动中影响最大、现场观众最多和电视收视率最高的赛事，因此与世界杯、奥运会并称世界三大体育赛事，最早举办于 1950 年，2020 年是 F1 的 70 周年。在这 70 年中，从 F1 的赛道、赛车到电视转播不断创新，但始终不变的是赛车运动的核心——车手的勇气和智慧，这也是几乎各种赛车运动的核心魅力所在。F1 之所以被誉为当今世界最大的汽车赛事，除了人们罕见的高额资金投入和最先进技术的使用，人类挑战自我、挑战极限的精神是 F1 的灵魂所在。

根据 FIA 的统计，2010 年，全世界收看 F1 电视转播的观众平均每站高达 5.27 亿人次，F1 继续成为全世界除足球外收视率最高的运动项目。2019 年世界一级方程式锦标赛总计 21 站比赛，超过 400 万观众至少到场一场大赛。全年平均每场比赛的到场人数是 20.2 万人，其中英国站（32.1 万）、墨西哥站（34.6 万）以及澳大利亚站（32.41 万）的入场人数超过 30 万人次。

四、规则

1. 计分规则

F1 比赛实行积分制，每年得分最高的车手获得年度总冠军。车队得分最高的则获得车队总冠军。著名 F1 德国车手迈克尔·舒马赫获得 7 次总冠军，在 2020 年，英国车手汉密尔顿捧起当年总冠军，也 7 次获得总冠军，追平舒马赫获冠军次数。近 20 年历届冠军车手还有：维斯塔潘（2021 年，红牛），汉密尔顿（2008、2014、2015、2017、2018、2019、2020 年，梅赛德斯 – 奔驰），罗斯伯格（2016 年，梅赛德斯 – 奔驰），维特尔（2010、2011、2012、2013 年，红牛），巴顿（2009 年，布朗 GP），莱科宁（2007 年，法拉利），阿隆索（2005、2006 年，雷诺），舒马赫（1994、1995、2000、2001、2002、2003、2004 年，法拉利）。而近 20 年车队冠军则多为法拉利、梅赛德斯 – 奔驰，红牛。

F1 一站比赛主要由练习赛、排位赛、正赛组成。2022 年部分站引入冲刺赛。排位赛决定正赛的发车顺序，不计分，共 3 节：Q1、Q2、Q3。Q1 决定最后 5 名车手，Q2 决定 11 ～ 15 名，Q3 决定前 10 名发车顺序。一般在周六举行。

冲刺赛除决定正赛顺序外，还要计积分。冲刺赛的发车顺序是由排位赛决定。冲刺赛积分与完赛顺序见表 6 – 3 – 1。

表 6-3-1　冲刺赛积分与完赛顺序

位置	1	2	3	4	5	6	7	8
分数	8	7	6	5	4	3	2	1

正赛通常在周日举办。正赛积分与完赛顺序见表 6-3-2。

表 6-3-2　正赛积分与完赛顺序

位置	1	2	3	4	5	6	7	8	9	10
分数	25	18	15	12	10	8	6	4	2	1

2. 赛道规则

每场 F1 大奖赛的比赛圈数为覆盖 305km 的最少圈数。例如，2021 年全新改版的阿布扎比赛道单圈长度为 5.281km。用 305km 除以 5.281km，约等于 57.75，因此 F1 阿布扎比站正赛需要进行 58 圈。摩纳哥大奖不遵循上述规定。摩纳哥大奖赛的比赛距离为 260km。按照现有的摩纳哥赛道（单圈长度 3.337km），比赛圈数为 78 圈。

实际上，在一场 F1 大奖赛中，并不是所有的车都要完成规定圈数。在第一辆赛车冲过终点后，位于后面的赛车只需完成当前圈。如果后面的慢车被套圈，那么它实际上完成的圈数少于规定圈数。安全车暖胎圈数算入正赛比赛圈数中。正赛比赛时间最多为 3 小时。

五、我国赛场和赛车手

我国上海奥迪国际赛车场（见图 6-3-2），其设计来自中文的“上”字，其每圈长度为 5.45124 千米，平均时速 205 千米。最长的直道长度为 1175 米，位于弯道 T13 和 T14 之间。F1 上海站是世界著名赛道，位于上海嘉定区，投资约 20 亿元，2002 年 10 月动工，2004 年 6 月竣工，总面积 5.3 平方千米，可容纳 20 万人。2004 年 9 月 26 日举办第一场 F1 比赛，票价最高 5000 元，即使这样，还是一票难求。2021 年年初，由于疫情原因，F1 官方宣布上海站的比赛取消。

2021 年，阿尔法•罗密欧车队宣布我国赛车手周冠宇搭档瓦尔特里 · 博塔斯出战 2022 年世界一级方程式锦标赛，至此周冠宇成为首位以正式签约车手身份征战 F1 赛场的中国籍赛车手。

周冠宇，1999 年 5 月 30 日出生在上海，自 2012 年起在赛车氛围浓厚且专业的欧洲，开始征战有着“赛车手摇篮”之称的卡丁车赛事。2014 年，周冠宇加盟法拉利车手学院。之后在 2015 年的 F4 赛事中拿到年度亚军。2018 年，周冠宇出赛 F3 赛事。2019 年，周冠宇加盟雷诺车手学院，成为雷诺车队发展车手，同年开始出征 F2 赛事。2021 年，周冠宇获得 F2 赛事年度季军。

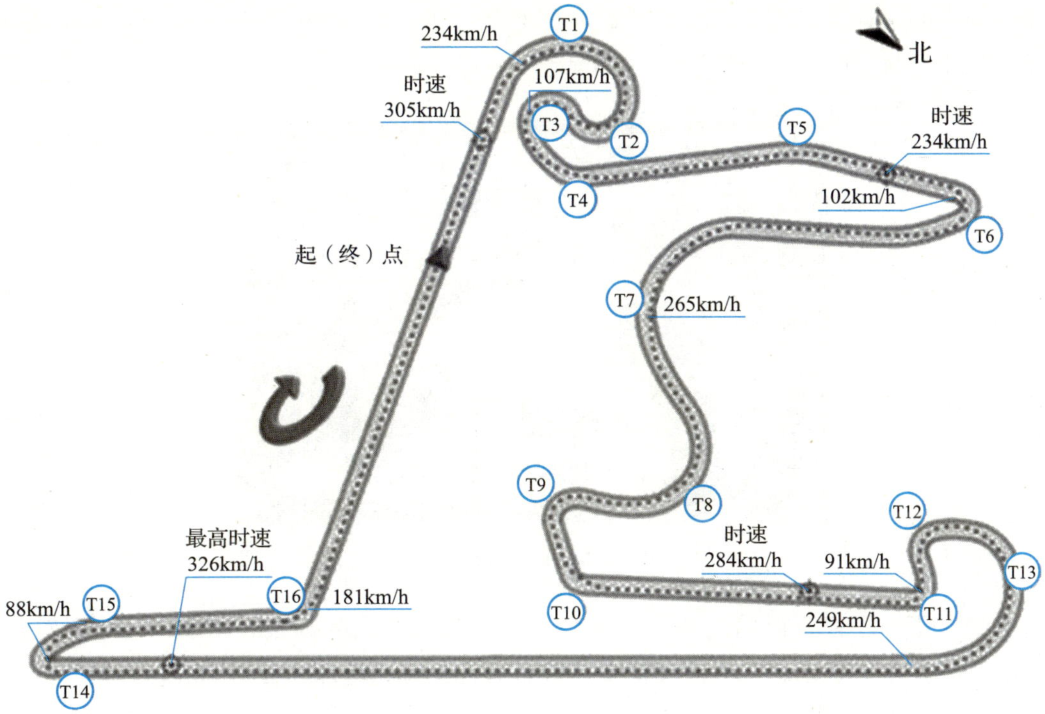

图 6-3-2　上海奥迪国际赛车场

学习任务四

卡丁车运动

卡丁车运动是汽车运动中的一个特殊类别，它不仅作为汽车场地竞赛的一个项目，同时也是一个大众休闲、健身娱乐的项目。因为卡丁车的结构简单，使用轻钢管车架，装配 50cc、80cc、100cc、125cc 或 250cc 汽油发动机，组装成 4 轮单座位微型赛车，操纵简便，无车体外壳，在专门修建的运动场地内的环型曲折道路上行驶。

一、定义

“卡丁”（Karting）是一项刺激的、具有魅力的运动，安装初级发动机的车辆，最高时速大约是 100 千米；而安装高级竞赛发动机的车辆能达到 160 千米以上的时速。同时，由于车型小巧，车底板距路面仅 4 厘米，车手实际感觉到的速度要比车辆实际速度高 2 倍到 3 倍，就是说感觉时速达 300 千米以上。在驾车转弯时，会产生像一级方程式赛车转弯时那样的横向加速度（约 3 到 4 倍于重力加速度），使驾驶者体验到一种平时体验不到的乐趣（见图 6－4－1）。

图 6－4－1　驾驶卡丁车

驾驶卡丁车不仅可以给驾驶者带来身体、视觉上的高度刺激和乐趣，还可以对青少年实施技能教育，培养他们不畏艰苦及挫折而勇于拼搏的精神和良好的心理素质，自觉遵守纪律和各项法规，树立良好道德观念，普及汽车驾驶技术、汽车基础理论知识和机械常识，提高动手能力。

二、发展

卡丁车运动于 1940 年在东欧开始出现并逐渐推广，20 世纪五十年代末才在欧美卡丁车中普及并迅猛发展，当时这种运动称为“高卡（GOKART）”。五十年代末，人们已不再满足于用卡丁车仅进行休闲娱乐，而以竞速比赛为主要形式的卡丁车竞技活动广泛开展起来，但组织形式十分松散，车辆规格和比赛规则也不统一。为了防止该项运动自流和指导其正确发展，统一标准便于管辖，在全世界推广卡丁车运动，1962 年由国际汽车联合会当任主席巴莱斯特创议成立了国际汽车联合会卡丁车委员会，负责在世界范围内普及、促进卡丁车运动，监督实施统一的规则和技术标准，外文简称是 CIK-FIA。经过近 16 年的演变后，1978 年卡丁车委员会改组成立了国际汽车联合会新的卡丁车委员会，当时会员协会只有 15 个。从那时起，卡丁车运动有了很大的改变，形成了现代卡丁车运动，使卡丁车进入一个新的发展时期，并使其成为培养现代汽车运动尤其是方程式赛车车手的基础和桥梁。

三、影响

驾驶卡丁车可以锻炼灵敏度，并对大脑、眼睛、手脚及身体其他部位进行很好的协调，是锻炼勇敢精神的最佳选择，是一项有益健康的体育娱乐活动。卡丁车作为赛车运动中最经济的一种，具备所有赛车运动的基本内容，加上结构简单、操作灵活、费用低廉、安全性好，成为适合大众化消费的赛车运动（见图 6－4－2）。每逢双休日，一些青年人奔向卡丁车赛场，在蜿蜒起伏的赛车道上风驰电掣地过把瘾，成为都市时尚。

图 6－4－2　卡丁车比赛

四、规则

1. 赛道规则

（1）室内卡丁车赛道。

室内卡丁车赛道长至少 600 米，宽至少 6 米。

（2）室外卡丁车赛道。

无变速箱卡丁车用：长最多 1500 米，宽至少 8 米，直线段最多 170 米。

变速箱卡丁车用：长最多 2500 米，宽至少 8 米，直线段长度不限。

2. 燃料使用规定

使用 95 号～ 102 号无铅汽油。

五、世界卡丁车联合会

1997 年 10 月，国际汽车联合会根据全世界卡丁车运动的发展状况，经代表大会表决一致同意将国际汽车联合会卡丁车委员会更名为世界卡丁车联合会。

国际汽车联合会卡丁车委员会自成立以来，在全世界已颁发了 7 万多张赛手执照，每年要举办上万次各类比赛，列入国际赛事年历的比赛有 150 余项，全世界的优秀选手每年要参加 15 次卡丁车委员会组织的世界锦标赛，为世界汽车运动的发展起到了相当大的推动作用。由于卡丁车是世界方程式赛车的最初级形式，经过年复一年的努力，卡丁车运动结出了丰硕的果实，已有数十名卡丁车赛手进入世界方程式赛车赛手的行列。在这个阶段中，几乎所有的一级方程式赛手都是来自卡丁车赛手，有些已成为世界冠军，像著名的巴西车手埃尔顿·塞纳、法国车手阿兰·普罗斯特、英国车手尼盖尔·曼塞尔、德国车手迈克尔·舒马赫等，因此，卡丁车运动被誉为一级方程式赛车车手的摇篮。

学习任务五

汽车拉力赛

一、定义

世界汽车拉力锦标赛（WRC，标识见图 6－5－1）始于 1973 年，是 FIA 国际汽联四大赛事之一，与 F1 齐名，但是与 F1 不同的是所有参赛车辆必须以量产车研发制造而成，并在世界各地的雨林、泥泞、雪地、沙漠及蜿蜒山路等不同的路况进行比赛。它是最严酷的赛事之一，但也是最有魅力的比赛之一，每年全球有近 10 亿人次通过各种方式观看 WRC 比赛。

WRC 是“ World Rally Championship（世界拉力锦标赛）”的缩写。拉力赛一词取自英文“ Rally（集结）”，表示参赛车辆必须严格按照比赛规定的行驶路线，在规定的时间内，到达分站点目标并在规定时间内完成车辆的维修检测。

图 6－5－1　汽车拉力锦标赛标识

二、发展

拉力赛是指按规定的平均速度，在完全或部分对普通交通开放的道路上进行的一项汽车赛事。

拉力赛比赛路线由若干个“特别路段”及若干个“行驶路段”组成，参赛车辆必须按照比赛规定在若干个集结点重新集合，然后再按顺序依次出发。

每辆参赛车由两个车手共同驾驶，其中一位叫车手，另一位则称领航员或副车手。

比赛成绩按照在“特别路段”上的比赛用时，加上在“行驶路段”上的受罚时间，再加上其他受罚时间，即为比赛时间。总时间越少，比赛成绩越好；总时间最少者为冠军。

三、影响

WRC 的各站比赛选择在世界各地的特色地点，高原、沙漠、山地、雪域，再加上穿越众多当地集镇、特色建筑，视觉感一流。

与 F1 昂贵的票价不同，WRC 不但不用买门票，而且可以自己选择观看赛段并站在赛道边上最近距离接近比赛、接近赛车，自由度和身临其境的现场感远超其他任何赛车。

F1 虽然车速高，但车辆始终沿着赛道上固定的线路平稳行驶，而 WRC 赛车虽然车速没有 F1 快，但是车辆驶过时会带起滚滚烟尘，而且还会出现跳跃、侧滑、冲水等漂亮场景，同一弯道不同车手的过弯表现也会截然不同，更具有欣赏性。

WRC 赛车都是量产车改装，对于多数作为车主的观众而言，更容易产生共鸣，各种具体改装项目对于狂热爱好者而言也完全有效仿的可能。

由于路况的复杂以及赛道的漫长，WRC 的悬念及意外发生率都远超 F1，让人感觉更加刺激和扣人心弦。

二、规则

1. 赛道要求

WRC 的赛段为各种临时封闭后的普通道路，包括山区或丘陵的盘山公路、沙石路、泥泞路、冰雪路等，也有无法封闭的沙漠、戈壁、草原等地段，分一般赛段、特殊赛段、超级特殊赛段和超级加分赛段。

一般赛段：此路段是一般的道路，它连接着两个特殊赛段，因此速度必须遵守比赛当地的交通法规。

特殊赛段：比赛路面分为柏油路面及非柏油路面（碎石路面）两大类，法国站是最著名的柏油路面赛事。此外，西班牙站与意大利站也是 WRC 中知名的柏油路面赛事。但若加上天气因素，则会有雪地的路面，如每年的蒙地卡罗站与瑞典站参赛车都是在冰天雪地的恶劣环境中竞速，在雪地竞赛中使用的是胎宽狭窄的钉胎，来增加轮胎表面压力以取得较好的抓地力，而全年比赛中属碎石路面赛站最为常见，碎石路面依其特性不同又可分为粗糙的碎石路面以及平滑松软的碎石路面，前者如希腊、土耳其等赛站，后者如芬兰、新西兰等赛站。在粗糙的碎石路面上比赛，车辆将遭遇路面大小碎石的撞击，悬吊、车轮等相对容易损坏；在平滑的碎石路面上如芬兰站等比赛速度飞快，而路面松软如英国站等如果遇到下雨的话，路面将会变得泥泞不堪，非常容易打滑。要在这些严苛路况中竞赛，对于车辆与车手都是一大考验。

超级特殊赛段：这个赛段是为了观众及方便电视转播而设的，WRC 史上的超级特殊赛段起源于澳洲站 Langley Park SSS，SSS 路段长度规划通常只有 2 千米，而且大多是在搭建的赛道上进行，是整个比赛中最短的 Super Stage，但对观众的吸引力却是最高的，因为观众可轻松地在观众席上，欣赏传统 RALLY 比赛中看不到的两车同场竞技的画面，而且不必受风沙之苦。

超级加分赛段：在 2011 赛季，WRC 规则规定，每一站 WRC 比赛都有一个特殊赛段叫超级加分赛段，这个赛段会有洲际或者国际电视台现场直播。通常这个加分赛段就是比赛的最后一个赛段，一般全程限制在 4 ～ 8km，电视要至少进行 30min 的直播。发车顺序会根据前面比赛前十的名次倒序发车，但是根据承办商的特殊需要也会有特殊安排（如在瑞典站中，Ken Block 车手并非前十名，但是因为他在视频世界中拥有绝对的人气，所以在这个加分赛段里大会安排他第一个发车）。赛段时间会加进车手的总时间里，这个赛段夺得前三的车手将会额外夺得 3－2－1 的积分，该积分算进车手的年度积分当中，但不会算进车队积分。

超级加分赛段发生在一个仅有 4 ～ 8km 的短道上，所以理论上不会影响到车手前面所有赛段加起来的总成绩排名。但是因为有电视直播，也因为通常这个特殊赛段是在闹市区进行，所以对于车手和车队来说，都是一个极佳的宣传机会。对于额外的积分，一个车手理论上一场比赛最多可以夺得 28 个积分，3－2－1 的分值虽然不能左右当场次比赛冠亚季军的排名情况，但是在年度积分争夺中，这些分数却显得尤为重要。

图 6－5－2、图 6－5－3 显示的是不同路段上的汽车拉力赛。

图 6－5－2　2017 年 WRC 第四站法国站

图 6－5－3　2015 年 WRC 蒙特卡洛站

2. 比赛组别规定

WRC 比赛依参赛车辆规格的不同，分为原厂组 Group N 及改装组 Group A 两大组别。而 A 组与 N 组又依排气量的不同将每组分为 4 小组，分别为：

A 组：

A8：2000CC 以上改装组　A7：1601 ～ 2000CC 改装组　A6：1401 ～ 1600CC 改装组

A5：1400CC 以下改装组

N 组：

N4：2000CC 以上原厂组　N3：1601 ～ 2000CC 原厂组　N2：1401 ～ 1600CC 原厂组

N1：1400CC 以下原厂组

每一站的比赛每一组最少要有 5 部车参赛，否则必须强迫晋级。

WRC 比赛中有两项 FIA 锦标赛，World Rally Car（WRC）组及 F2 组，在每一站的比赛各组取前十名，分别得到 25、18、15、12、10、8、6、4、2、1 的积分，车手所得积分可成为车手自身及车队年度积分。

其中 WRC 组包含在 A8 组中，这个锦标赛只有汽车制造厂身份的厂队才具有参赛资格，厂队在每一站的参赛车辆可以超过两部，但是只有两部车可以成为积分注册车手，除这两部车之外，其他参赛车所得到的积分将无法计入车队年度积分。

F2 组则包含于 A7 组中，所谓 F2 是指搭载 2000CC 以下自然进气引擎的 2 轮传动车辆。厂队在全年度必须参加 10 站以上，且至少要参加两场欧洲以外的赛站。近几年在国际拉力赛场上由于套件充足，因此造成 A8 组与 N4 组的参赛车辆数远大于其他组。

3. 比赛方式

每一站拉力赛包含两天的实地勘查、一天的机件检查以及三天比赛。每一站赛事被分成三段（Leg），通常每一站有 15 到 25 个特别赛段（SS：special stage）。SS 路段就是在封闭管制的路段上进行竞速，1 个 Leg 通常规划有 5 ～ 10 个 SS 路段，长度通常在 10 ～ 50 千米，SS 路段的规划总长度以 400 千米为限，WRC 就是以每一位车手完成所有 SS 路段时间的总和来分胜负，计时的单位是 0.1 秒，而规划的平均速度 110 千米为限，最高不可超过 132 千米。

WRC 的积分制度与 F1 相同，每一站的前十名分别可获得 25、18、15、12、10、8、6、4、2、1 的积分，车手所得积分可成为车手本身及车队年度积分，全年积分最高的车手与车队将获得世界冠军的最高荣耀。

WRC 是每辆赛车必须同时搭乘一名车手和一名领航员。车手只管开车，充分发挥自己高超的驾车水平，而领航员既要在比赛期间安排好一些生活琐事，还要在比赛时为车手指明每一天比赛的正确方位和路线，并在赛段里及时准确地提供前方的路况。

4. 参赛车辆规格

参赛车辆必须为各大汽车厂家年产量超过 2500 辆的原型轿车，同时对于赛车改装后的尺度、重量以及排量、功率等都有严格的限制。

学习任务六

房车世界杯

一、定义

房车世界杯（WTCR）是在2018年由著名的WTCC赛事与TCR系列赛合并后的一项全新比赛，也是获得国际汽联认可的一项与F1和WRC齐名的顶级房车赛事。

图6-6-1　房车世界杯比赛

二、发展

国际汽联世界房车锦标赛（WTCC）1987年后因财政问题一直停办，直至2005年复办，吸引了全球各大知名厂商及私人车队，包括像宝马、菲亚特、标志、雪铁龙、奥迪、沃尔沃、雪佛兰、福特等全球大厂参与，但年度冠军只有一个，于是各大参赛厂家陷入了赛车研发的“军备竞赛”，赛车变成了赛钱，车辆研发费用和运营费用急剧攀升，单车成本将近500万美元，车队年度运营总成本近千万美元，厂商车队逐渐觉得力不从心。2015年，变成了雪铁龙、本田、拉达和雪佛兰四大集团相互抗衡；2017年，雪铁龙和雪佛兰离开，只剩下本田和沃尔沃，留给观众的也是一地鸡毛。

连续举办十余年后，在整体汽车市场较差的经济大背景下，大量厂队退赛导致WTCC处境艰难。而TCR是由前世界房车锦标赛经理马塞洛－洛蒂发起，由于其赛事规格相比WTCC低，参赛的成本也就更低，加上TCR赛事在原则上仅允许私人车队参赛，从2015年第一赛季以来就大受欢迎。在2017年年底举行的世界赛车理事会会议上，当时确定了“历史悠久”的WTCC和发展兴旺的TCR国际系列赛合并，并且合并后的赛事WTCR房车世界杯在2018—2019赛季采用的是TCR规则，这就意味着WTCR房车世界杯将不允许厂商队伍参赛，也不会设立厂商年度奖项，赛事仅面向私人车队开放，年终排名第一的车手和车队将分别被授予“国际汽联世界杯冠军”头衔。这样的规则体系下有助于防止当年在 WTCC 时代雪铁龙常年制霸的现象再次发生。

2019 年 WTCR 领克品牌联手 CyanRacing 车队第一年参赛，也是第一次有中国品牌参加世界顶级房车赛事。在三回合正赛的角逐下，车手比约克一马当先，夺得冠军，这是领克车队在 WTCR 赛场上获得的第一个正赛冠军，是一个良好开端，从无到有的这一步最为关键，这代表了国内车企也可以在国际顶级赛事上绽放光芒（见图 6－6－2）。2021 年 11 月 28 日，索契赛道，在经过正赛惊险刺激的雨中大战之后，领克 CyanRacing 车队提前一场正赛锁定了年度总冠军，实现了 WTCR 赛场上的三连冠。

图 6－6－2　领克车队夺得 2019 年 WTCR 年度总冠军

2022 年可谓是中国赛车大年，继周冠宇加入 F1 后，马青骅回归 WTCR 国际赛场，WTCR 也计划 2022 年在中国站举办两场赛事。作为 2022 年备受瞩目的中国车手之一，马青骅曾在 2019 赛季代表 TeamMulsanne 车队征战 WTCR，4 次站上领奖台并在斯洛伐克站获得冠军，实力不容小觑。马青骅的加入，对领克车队来说是新的机遇。

本次揭幕战上，在法国波城的狭窄街道上，马青骅驾驶 55 号领克 03TCR 赛车出战，表现优异，在自己回归 WTCR 的首战便登上领奖台（见图 6－6－3），再次让中国速度闪耀国际赛场，实现了中国人开中国车征服国际赛场的梦想。这不仅增强了国人对征战顶尖汽车赛事的自信，对推广中国汽车运动文化也具有里程碑式的意义。

图 6－6－3　马青骅登上了法国站领奖台季军

三、影响

都说“赛场是检验车型性能的最佳平台”，WTCR 房车世界杯对领克来说，绝对是最好的试练场。在这里，领克证明了品牌的硬核实力和中国汽车工业的崛起。如今，领克不断将在赛场中久经考验的赛车技术反哺到量产车当中，以过硬的技术与品质，为用户提供极致的用车体验，让用户切身体会到领克汽车的产品性能实力。

四、规则

WTCR 为统规赛事，所有赛车底盘由厂商直接从生产线生产并带有量产车相同的 VIN 码，并且必须符合赛事对车身尺寸、重量、离地间隙、动力系统、悬架形式等各项指标的要求。赛事使用的赛车均搭载排量在 1750 ~ 2000CC 的量产涡轮增压引擎，最大输出马力限制在 350 匹。

WTCR 采用积分制冲刺赛，一年共计 10 站，每站 2 场排位赛、3 场正赛，排位赛前 5 名和 3 场正赛的前 10 名都有积分。3 场正赛中第一场和第三场按排位赛成绩排位，第二场正赛以第二场排位赛的前 10 名倒序排位，后面车辆按正常排序排位。

学习任务七

勒芒 24 小时耐力赛

一、定义

勒芒（LeMans）位于法国巴黎西南约 200 千米处，是一个人口约 20 万的商业城市。这个小城市能够闻名于世界，主要是因为自 1923 年开始（1936 年、1940—1948 年除外），每年 6 月举行的被称为最辛苦的单项赛事“勒芒 24 小时耐力赛”。3 位车手为一个车组，驾驶一台赛车，完成连续 24 个小时的竞赛。勒芒 24 小时耐力赛同世界一级方程式锦标赛（F1）、世界汽车拉力锦标赛（WRC）并称为世界最著名和最艰苦的三大汽车赛事。

二、发展

勒芒 24 小时耐力赛的主意来自三个人：Faroux、Emile Coquille 和 Georges Durand，除了纯粹的体育意图，他们还有实际的目的。Emile Coquille 是 Rudge-Whitworth 杯的捐赠者、1906 年一战成名的著名的可拆卸轮胎的制造商。Georges Durand 是 ACO 汽车俱乐部的秘书长，Charles Faroux 是位备受尊敬的汽车记者，他在 1957 年去世后，《汽车》杂志上发表的讣告中是这样说的：“伟大的法国汽车记者，Charles Faroux 于 2 月 9 日在巴黎去世，享年 84 岁，汽车界失去了一位伟大的人物。”

参赛汽车必须是严格意义上的房车，而且必须是量产车，而不是一次性的竞赛车型。在第一种情况下，制造商必须声明他们已经制造了特定数量的相同型号车——最初是 30 辆汽车——而竞赛车辆车必须是分类型号的标准版本。最初的要求是制造商带一些相同的汽车到赛道上进行验证，但没等比赛开始就放弃了。

1923 年，由 Excelsiors 1 号车、2 号车和 Lorraine-Dietrich 5 号车带领，从这里开始了第一场比赛，如图 6－7－1 所示。

图 6－7－1　Excelsiors 1 号车、Excelsiors 2 号车、Lorraine－Dietrich 5 号车

就这样，载誉全球近百年的“勒芒 24 小时”汽车耐力赛诞生了。

三、影响

勒芒大赛在世界上是最负盛名的，胜过美国印第 500 或其他任何汽车大奖赛，因为一般耐力赛只有 500 ～ 1000km，而勒芒约 5000km。也有人说它是大规模组织起来的赌博，以牺牲许多人的生命为代价来提高几个汽车制造厂家的名气。不管勒芒的赛道多么艰险，也不管历史上发生过多少悲剧，每届勒芒大赛都在六月份如期举行。一些汽车厂家不惜耗资数百万美元，想在这项大赛中取胜，谁也不肯轻易放过利用这项大赛来提高公司声誉的机会。

四、规则

1. 赛车规定

不同于别的赛车运动，不仅需要车厂造出一台最快的赛车，勒芒的耐力赛车还需要是一台兼具速度和稳定性的赛车。同时它还必须很省油：比赛中尽量少的进站加油有利于获得胜利。

由于 Mulsanne 赛道的超长直道，车厂需要做一辆空气效应良好的赛车，又要兼有节油的优点，以符合 21 世纪汽车发展的大方向。因此，许多车厂都将勒芒看作是新车测试性能和耐力的地方，测试结果良好还可以把它投入到更高级别的赛车中去。

2. 分组

勒芒耐力比赛赛车有 4 种，分别为 LMP、LMPGTP、LMGTS、LMGT，各种不同排量和不同组别的赛车同场竞技，最后分别计算成绩。LMP 类赛车是一种专为勒芒赛道和长达 24 小时耐力赛而设计的车，称为 LEMANS 原型车，分为 LMP900 和 LMP675 两种，主要区别在于车重不得低于 900 千克和 675 千克。曾在 5 年中 4 次赢得勒芒大赛冠军的奥迪 R8 属于 LMP900 车型。

比赛中每辆赛车配备 3 名车手，轮流驾驶与休息，每位车手连续驾驶时间不超过 4 小时，主车手总驾驶时间不超过 14 小时。所有的加油、换胎和维修时间都包括在 24 小时内，最后行驶里程最多的赛车获胜。

3. 赛道

耐力锦标赛的赛程主要有 1000km、1610km、5000km 和 8050km，以时间计有 6h、12h 和 24h；其中以 1000km 汽车大赛和勒芒 24 小时汽车耐力大赛最为著名。汽车耐力赛对汽车的性能和车手的耐力都是极大的考验，这是一项艰苦的比赛。

勒芒的赛道是一条环形跑道，全长 13.5 千米，沥青和水泥路面由高速公路和街区公路封闭而成，平均时速超过 200 千米。在赛道上有一段长约 6 千米的直道，赛车在这段直道上的时速可高达 390 千米，在 24 小时的比赛中，车手们要在这段直道上高速行驶 6 小时，对赛车的性能和车手的耐力都是极大的考验。

五、勒芒黑马

纵观勒芒大赛历史，前 58 届的冠军均被欧美车手垄断。1991 年的第 59 届比赛中，杀出个黑马——马自达。装有转子发动机的 3 辆马自达赛车全部挤进前 10 名，其中 55 号车马自达 787B 一举夺魁。

这届比赛结束后，国际汽车运动联合会作出决定：从 1992 年开始，除排量 3.0L 以下的活塞发动机赛车外，装其他发动机的赛车不准参加勒芒 24 小时赛。装有转子发动机的马自达 787B 刚夺取冠军就被排斥在比赛之外。至此，在这项大赛中努力奋斗过十几年的马自达转子发动机，以其辉煌的成绩为自己画了个漂亮的句号。

1992 年的冠军再次被标致车夺走，丰田车获得亚军。1993 年标致的三辆 905 包办三甲，尽显雄风，第 4 ～ 6 名全被丰田车队夺走。1994 年这场勒芒大赛竞争异常激烈，6 月 27 日在炎烈的高温下赛车狂奔了整整一昼夜，直到最后几分钟才分出高低。由 Dalmas/Haywood/Baldi5 人驾驶的波尔舍（保时捷）（DouerPorsche）仅以几英寸领先；由 Irvine/

Mortine/KrosnoffSA 驾驶的丰田赛车夺得亚军。

重点回顾

1. 汽车运动的发展历程。
2. 各种著名的汽车比赛。

学后测评

1. 什么叫作汽车运动?
2. 世界著名的汽车比赛有哪些?

学生反思

为什么要举行汽车运动?

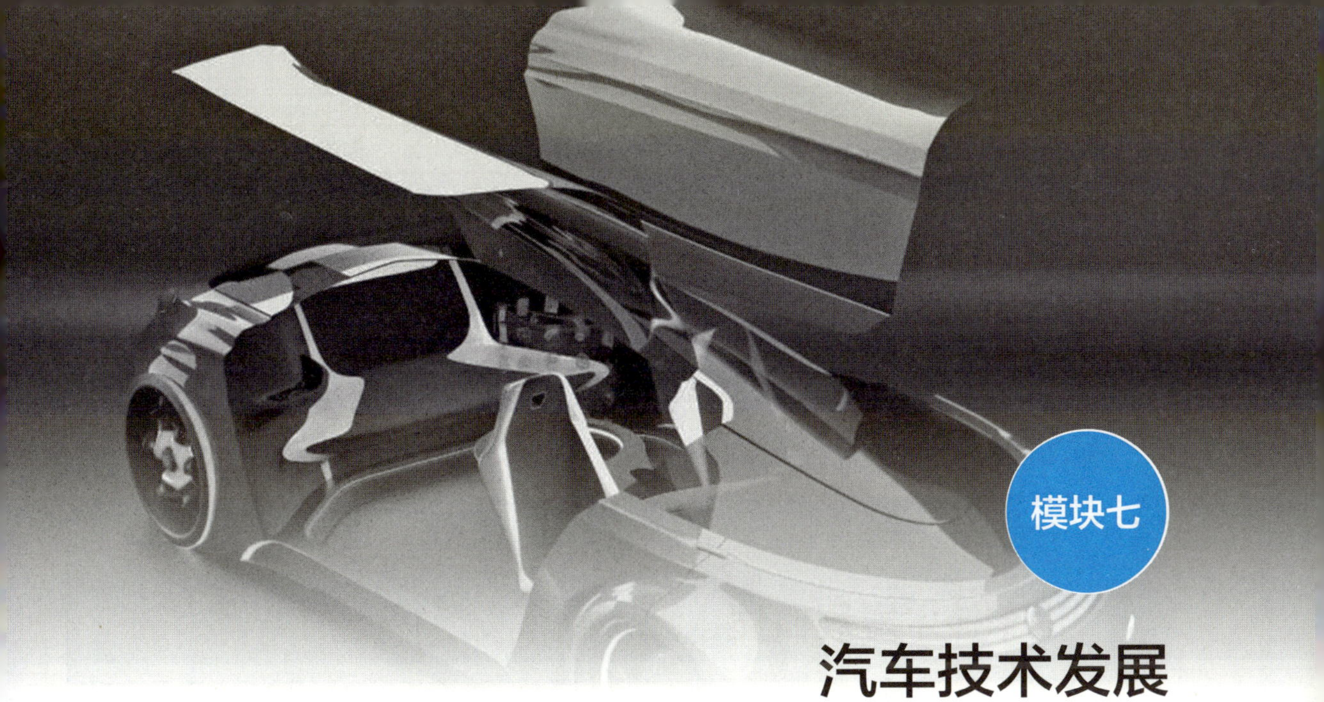

模块七

汽车技术发展

导读

自 2001 年到 2021 年，这二十年间，中国汽车年销量从 200 多万辆一跃至 2600 万辆以上，成为全球第一大汽车市场。对于普通消费者而言，我们能够感受到身边有车的朋友越来越多，城市中奔跑的车辆越来越漂亮。现在人们买车的需求越来越高，而在二十年前，基本上有个外形大气点的车就不错了，很少去讨论和关心技术和配置。

传统的内燃发动机已经走过了 100 多年的历史，新能源燃料汽车使用越来越多，与此同时，多领域汽车新技术亦在飞速发展中。下面我们分别从汽车车身、汽车安全、发动机技术、变速器技术、底盘和悬挂以及汽车智能科技等方面来介绍这些现代汽车技术。本模块还介绍汽车节能、汽车污染与未来汽车发展等内容。

学习目标

知识目标

1. 了解近年中国汽车市场技术发展概况。
2. 了解现代汽车技术的类型。
3. 了解汽车节能、汽车污染。
4. 了解未来汽车的发展。

能力目标

1. 熟悉汽车技术发展路径。
2. 熟悉目前主流汽车技术的应用。

3. 熟悉汽车未来的发展。

素质目标

1. 从汽车技术发展看国家工业科技发展，提高民族自信心。

2. 探讨在汽车技术发展中，中国与外国的实力差距变化，只有不断学习才能实现超越发展。

学习任务一

汽车技术发展概述

最近二十年来，中国在售的汽车技术上进步不少，技术先进的强动力、低油耗的发动机选择越来越多，当然，如今你面临的选择还不仅仅是传统动力车型，而是是否选择如凯美瑞双擎混合动力、比亚迪汉 DM-i 插电式混合动力车和特斯拉 model 3 纯电动车等新能源车的问题。

变速器已经全面自动挡，现在已经不是 4、5、6 挡位的问题，而是 8、9 挡自动挡变速器，或是 CVT 无级变速器，抑或是 DSG、+PowerShift 双离合自动变速器。配置上技术进步自然也非常明显，各种高科技智能化配置显现，比如 35 万元以内的车，座椅已经发展到 12 项电动调节记忆功能，自动空调发展到了 4 温区可调，钥匙早已实现智能进入车门及无钥匙起动，定速巡航实现了自适应功能，GPS 导航已经落后，实现了如智能座舱等人机交互系统。这些年，国内汽车进步也让国人了解了更多汽车底盘的知识，比如 4 轮驱动技术、空气或液压或电磁可挑主动悬挂技术，比如麦弗逊、双叉臂、多连杆悬挂的类型等。

科技进步对生活品质的提升也起到了积极的推动作用，花更少的钱，你就可以享受到以前高级别车型采用的动力、技术和配置。动力系统的进步可以从技术和数据上看得清清楚楚，比如以前家用轿车级别 1.6 升发动机最大功率不过 65kW，最大扭矩 135N · m，如今 1.3L 发动机都可以达到 73kW 的最大功率和 127N · m 的最大扭矩，而且如可变气门正时技术等不再是高级别车型的特权，小型车的发动机也开始全面普及这些技术，丰田和本田更是分别采用了进排气双可变气门正时技术或者可变气门正时和升程技术。

再如 2.4L 级别，早些年是自然吸气一统天下，2.4L 发动机最大功率 120kW 以下，最大扭矩也在 205N · m 上下，如今的 2.0T 涡轮增压直喷发动机如广汽距浪动力 2.0GTDi 最大功率已经高达 185kW，最大扭矩 400N · m，要知道二十年前的别克世纪 3.0V6 发动机不过 126kW 和 250N · m 的最大扭矩，帕萨特 2.8 升 V6 发动机不过 140kW 的最大功率。可见动力技术进步之大。家用车百千米加速时间从 14.15 秒开始进入 10 秒以内，甚至能达到 7 秒。油耗是另一个让人欣慰的点，这在中型车上表现得非常明显，重达 1.6 吨的中型车新致胜匹配了涡轮增压直喷发动机和双离合自动变速器组合后，百千米油耗居然不到8L，这在以前几乎令人无法相信。如今我们身处的时代，20万元已经能够购买大马力的后驱车型，此前这只是高级轿车的专利。

学习任务二

现代汽车技术

一、汽车车身技术

近年来，汽车车身技术的发展相对平缓，但早年间诸如承载式车身、3H高安全车身、空腔注蜡、双面镀锌、激光焊接等技术也一度成为热点，如今这些技术已经得到全面应用和推广。

当前，由于环保和节能的需要，汽车轻量化已成为世界汽车发展的潮流。实施汽车轻量化的主要材料有碳纤维、铝合金（见图7-2-1）、镁合金、钛合金、工程塑料、复合材料和高强度钢等，主要用来改造和替代车身材料。

图7-2-1 奥迪A8的ASF铝合金空间桁架

铝质车身与钢板车身相比重量大约可减轻40%，可明显降低能耗，碳纤维的效果则更为突出。在豪华车领域，捷豹XJ和奥迪A8从来都是车身轻量化的践行者，奥迪A8首创ASF铝合金空间桁架车身轻量化技术和捷豹XJ首创的铆钉固定全铝合金承载式车身轻量化技术，在保持了超凡的刚度和安全性的同时，车身重量轻于其他竞争车型。

汽车轻量化代表的路特斯跑车，可谓当今汽车轻量化的杰出代表，以路特斯2010ExigeCup260为例，通过在顶、尾门、中控台、后扰流尾翼等部位使用碳纤维材质，同时也使用了铝合金机械增压管路、轻量化锻造铝圈、轻量化飞轮和轻量化电池等轻量化材料，其重量仅有 890kg。

在国内则不得不提及以车身轻量化技术著称的马自达 6 和睿翼，两款轿车的安全和操控性能都不错，但由于采用了高强度钢结构，其车身重量相比同级别车型轻 50 ～ 100 千克，从而带来较好的燃油经济性。

发动机和底盘的轻量化，一般都是采用铝合金或镁铝合金结构代替笨重的铸铁发动机部件和普通钢制悬架部件，从而达到更强强度和更轻的质量。宝马发动机轻量化技术则可称为高级别的轻量化技术，目前宝马大部分车型上的发动机都采用了其独创的镁铝合金材料技术（见图 7－2－2）。

图 7－2－2　采用的铝合金前悬挂双控制臂结构的宝马 Z4

底盘轻量化主要是铝合金材质的控制臂代替传统的钢材质控制臂。以全新宝马 Z4 跑车为例，其前悬挂采用的铝合金材质的双控制臂结构，重量比普通的钢制车桥轻了约 30%，既能保证强度，又能提升车轮回弹速度。奥迪汽车底盘的轻量化则以采用轻质的锻造铝合金悬架而著称，从奥迪 TT、R8 到 A8 几乎进口的奥迪车都采用轻质铝合金悬架。

二、汽车安全技术

现代汽车高安全车身全面普及、安全带已成为标配、多安全气囊盛行、ABS 防抱死系统 +EBD 制动力分配系统逐步成为整个车市车型的标配、TCS 牵引力控制系统、ESP 车身稳定系统也在更多车型上得到普及，特别是国产自主品牌 10 万元以下车型也装配了 ESP 车身稳定系统。此外，还有底盘性能的提升带来更好的主动安全性，高科技安全配置不断增多都提升了车辆的安全性能。

传统的安全配置越来越强大，比如三点式安全带增加了预警功能、博世生产的 ESP 车身稳定系统也不断升级系统，安全气囊也从高级车配置列入微型车配置，当然，安全气囊的发展十年间也走过了从驾驶员安全气囊到前排安全气囊、侧安全气囊、侧安全气帘的普及历程，如今膝部气囊也开始普及。现在多点位倒车雷达、胎压监测系统、自动防眩目后视镜、氙气大灯、可视倒车雷达等配置也全面普及。

安全系统向更智能方向发展，比如主动预防安全头枕、红外夜视仪、自动倒车入库、并线辅助、自动刹车系统、自适应巡航等系统。比如奔驰的 PRO-SAFE 第二代预防性安全系统，它通过与行车稳定 ESP 相结合的系统，根据各类传感器识别潜在危险性行驶状况，再制定相应的预防措施来避免危险，它保护的范围包括主动和被动安全两个方面。如果车辆濒临侧滑危险时，或者在驾驶员必须急剧制动时，PRO-SAFE 将收紧前排座椅安全带作为预防措施，如果副驾驶乘客的座椅和后排电子控制式单人座椅是平躺着，PRO-SAFE 将自动把它调节到最有利于碰撞安全的位置。汽车转向时 ESP 的作用如图 7－2－3 所示；奔驰 PRO-SAFE 第二代预防性安全系统如图 7－2－4 所示。

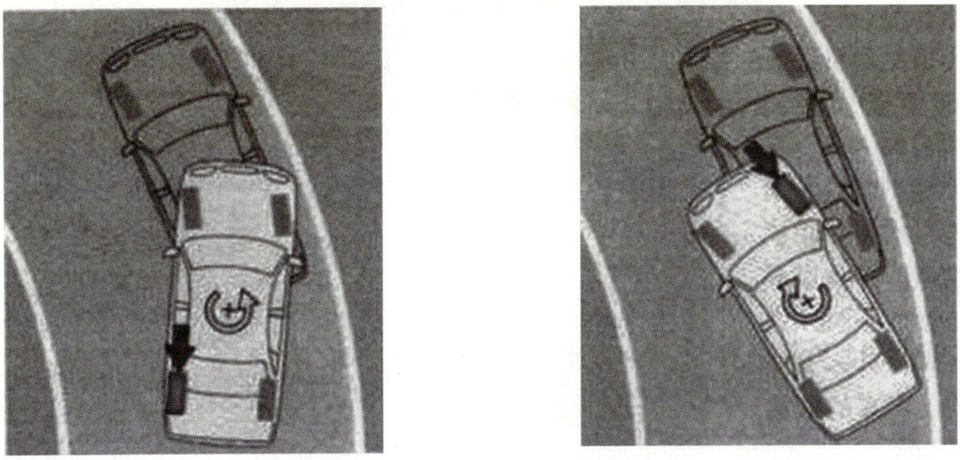

转向不足时，ESP主要对曲线内侧的后轮进行刹车，产生一种反偏航扭矩，使汽车重返正确的曲线上来

转向过度时，ESP主要是对曲线外侧的前轮进行刹车，以平衡即将产生的甩尾倾向

图 7－2－3　汽车转向时 ESP 的作用

图 7－2－4　奔驰 PRO－SAFE 第二代预防性安全系统

比如沃尔沃 S60 推出的行人安全系统（Pedestrian Detection）（见图 7－2－5）。带全力自动刹车功能的行人安全系统是沃尔沃继城市安全系统后推出的新一代碰撞避免技术，第一次把行人的安全放到与驾驶者同等重要的位置进行考虑。装配有该系统的汽车，在一定车速下可主动避免汽车与行人发生碰撞。当碰撞即将发生而驾驶者并没任何反应的情况下，该系统可以强制车辆刹车或在发生碰撞前施加全力刹车，最大可能减少事故发生，降低伤亡程度。

图 7－2－5　沃尔沃行人安全系统

三、发动机技术

20 世纪 90 年代，汽车还在用化油器，因为动力不足，还要配合频繁的超高转速，也因此带来了相当大的耗油量。由于化油器喷头无法精确计算进气量的多少，可以理解成高转速运转时，非常多的燃油基本被白白浪费变成积碳了。随着近几十年的发展，20 世纪末的汽车用高转速自吸发动机，如今已经变成排量更小的涡轮增压发动机。汽车用内燃机正朝着小型化、轻量化、涡轮增压化、低转速化过度，并引入缸内直喷、DVVT（双侧可变气门）、阿特金森循环（或米勒循环）、更高压的燃油喷射系统等。

1. VTEC 技术

可变气门相位和气门升程电子控制系统（VTEC）(见图 7－2－6）是日本本田公司开发的时钟发动机技术。它是世界上第一个可以同时控制阀门的开闭度和时间的控制系统。通过 VTEC 系统装置，发动机可以根据实际行驶情况自动改变气门控制，通过对进气和排气的有效控制，实现增加动力、降低油耗、减少污染的目的。

图 7－2－6　气门升程电子控制系统

2. 可变进气歧管技术

该技术可以使发动机在不同转速下具有不同进气路径，从而满足发动机在不同工况下对进气量的不同需求。在发动机低转速时，为了提高发动机的功率输出，此时采用较短的进气路径。采用可变进气歧管技术的目的是优化发动机整个转速范围内的扭矩曲线的同时，改善加速性能和响应性，从而使发动机在不同工况的动力性、燃油经济性和排放水平达到和谐、统一。

3. VVT-i 技术

VVT-i 是 Variable Valve Timing-intelligent 的缩写，它的含义是智能正时可变气门控制系统（见图 7－2－7）。这一装置提高了进气效率，实现了低、中转速范围内扭矩的充分输出，保证了各个工况下都能得到足够的动力表现。另一个先进之处在于全铝合金缸体带来的轻量化，不仅减小了质量，也降低了发动机的噪声。正时可变气门控制系统的主要目的是在维持发动机怠速性能情况下，改善全负荷性能。这种机构是保持进气门开启持续角不变，改变进气门开闭时刻来增加充气量。

图 7－2－7　智能正时可变气门控制系统

4. CVVT（连续可变的气门正时系统）

以现代汽车的 CVVT 引擎为例（见图 7－2－8），它能根据发动机的实际工况随时控制气门的开闭，使燃料燃烧更充分，从而达到提升动力、降低油耗的目的。但是 CVVT 不会控制气门的升程，也就是说，这种引擎只是改变了吸、排气的时间。

图 7－2－8　现代汽车的 CVVT 引擎

5. FSI（缸内直喷分层燃烧引擎）

FSI 是汽油发动机领域的一项全新技术（见图 7－2－9），类似于柴油发动机的高压供油术。它配备了按需控制的燃油供给系统，然后通过一个活塞泵提供所需的压力，最后喷油嘴将燃料在最恰当的时间直接注入燃烧室。通过对燃烧室内部形状的设计，使火花塞周围有较浓的混合气，而其他区域则是较稀的混合气，保证了在顺利点火的情况下尽可能地实现稀薄燃烧，这也是分层燃烧的精髓所在。FSI 比同级引擎动力性显著提高，油耗却可降低 15% 左右。

图 7－2－9　缸内直喷分层燃烧引擎

6. 可变排量发动机（MDS）

这套系统可在 4 缸和 8 缸模式间自动转换。这种技术最适合多汽缸的发动机使用，在不影响驾驶者追求大排量车型的加速刺激时，又有效降低了堵车时的燃油消耗。

7. 48V 轻混系统

48V 轻混系统（见图 7－2－10），核心部件包括 48V 电池、48V 起动电机 / 发电机、一套 48V/12V（DC/DC）的电压逆变器，以及相应的控制模块。电池为汽车的电机工作、启停系统工作、动能回收工作等。有了 48V 电池，发动机就有了更多的停机可能。大功率电机可以带动起空调压缩机，从而进一步减小发动机怠速引起的燃油消耗，降低排放。

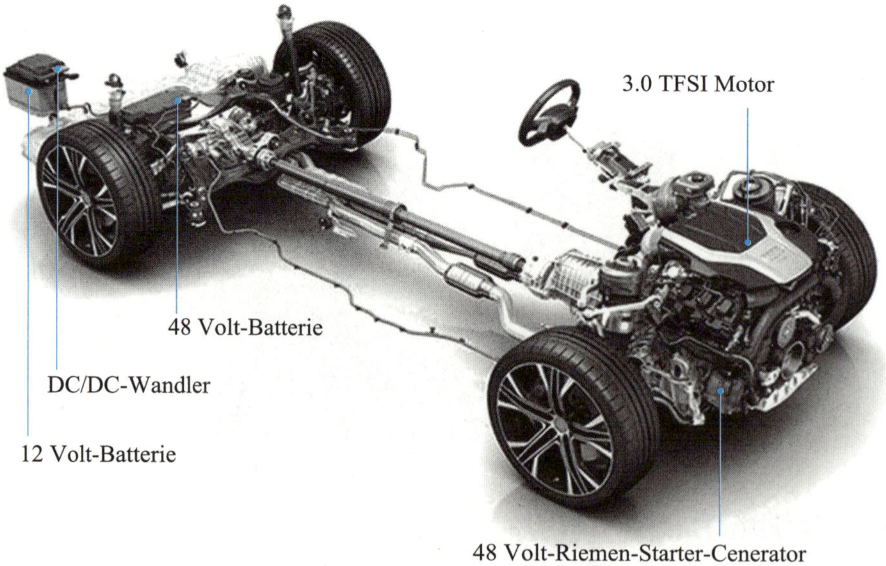

图 7－2－10　48V 轻混系统

四、变速器技术

发动机技术不断升级的同时，变速器也同样在大步向前走，从5挡手动挡一统天下的时代，发展到自动变速器占据半壁江山的格局。手动变速器多年来发展较为缓慢，只有几家如马自达6、丰田卡罗拉等推出了6挡手动变速器，大多数车型依然采用5挡手动变速器。自动变速器的发展则高潮不断，从2000年前后的4速自动变速器发展到5速自动变速器、6速手自一体，再发展到今天的9速手自一体、CVT无级变速、双离合自动变速共存。不同时代的先进变速器形式见表7－2－1。

表7－2－1　不同时代的先进变速器形式

年份	2001—2003	2005—2007	2008年至今
变速器形式	4速自动	6挡手动、5速自动、6速手自一体	7、8、9速手自一体，CVT无级变速，干式、湿式双离合自动

1. 4速自动变速器

在4速自动变速器一统自动挡车天下的时代，本田2003年上市的第七代雅阁率先在同级别采用了5挡自动变速器成为当时颇为先进的变速器，此时的5AT自动变速器还只是奥迪A6、华晨宝马3系等高档车上使用。4速自动变速器如图7－2－11所示。

图7－2－11　4速自动变速器

2. 6挡手自一体自动变速器

大众自2005年在途安和POLO身上开始装配6挡手自一体自动变速器，带来更为强烈的震撼，尤其是小型车POLO开始装配6AT手自一体自动变速器，同级绝无仅有，这也帮助大众树立了技术形象。同年丰田也不甘人后，在国产皇冠和锐志车型上也匹配了如图7－2－12所示的6AT手自一体自动变速器。

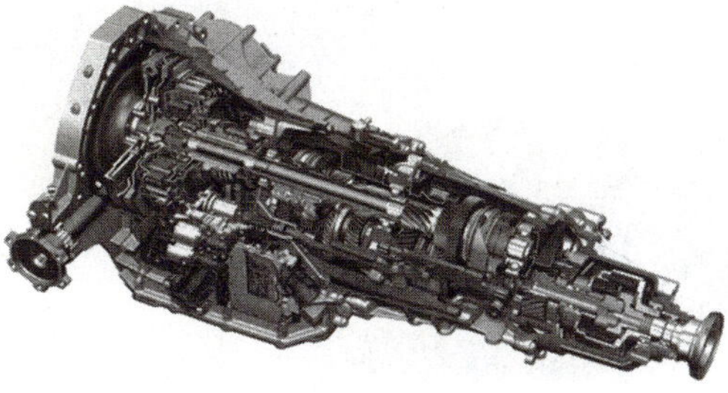

图7－2－12　6AT手自一体自动变速器

3.7 速双离合自动变速器

2005 年北京奔驰国产 E280 开始匹配奔驰看家的 7AT 速手自一体先进自动变速器，2011 年又在小改 C 级车型上全面普及 7AT 速手自一体自动变速器。奥迪 A4 自 2003 年国产以来直到现在的 A4L 都一直热衷于采用 CVT 无级变速器，虽然早年销售不佳，如今热销成为主流车型，影响力自然不同。东风日产在 2008 年新天籁上市时让其全系装配 CVT 无级变速器，此款 CVT 无级变速器可以承受 3.5VQ 发动机较大的动力，也标志着 CVT 发动机的技术进步。图 7－2－13 是长城 7 速双离合变速箱。

图 7－2－13　长城 7 速双离合变速箱

五、底盘和悬挂技术

相对于其他方面技术的突飞猛进，汽车底盘悬挂技术也有一些升级和进步。小型车、中型车、豪华车、SUV 底盘悬挂结构基本未有大变化，只是空气悬挂、可变阻尼减震等主动悬挂系统应用增多。底盘改变最大的是家用紧凑型市场，从前采用前麦弗逊独立悬挂（见图 7－2－14）后拖曳臂式非独立悬挂设计。不过随着福克斯等车型的引入，前麦弗逊后多连杆式的四轮独立悬挂设计开始盛行，包括福克斯、马自达 3、高尔夫 6、速腾、明锐、荣威 550、MG6、奇瑞 A3 等车型均采用了此种结构。此后的奥迪 A6、帕萨特等车型在换代以后纷纷抛弃落后的拖曳臂式非独立悬挂，改用后多连杆悬挂。

图 7－2－14　前麦弗逊后多连杆式四轮独立悬挂

后驱车型的市场化逐步形成，包括一汽丰田生产的锐志以及进口现代劳恩斯酷派等车型都成为经典。见图 7－2－15。

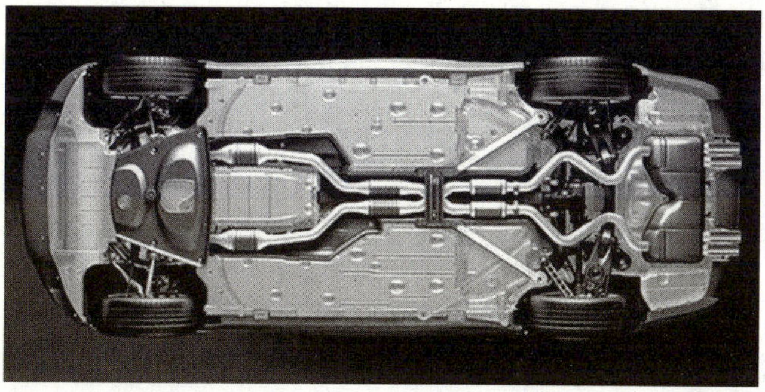

图 7－2－15　后驱底盘

SUV 车型的发展也带来了底盘的四驱热，值得一提的是本田发展了 SH-AWD 智能四驱系统，实现了左右轮 0 ～ 100% 的传动。在轿车方面也有所体现，比如采用全时四驱设计的斯巴鲁车型大卖，见图 7－2－16。另外，铃木也引入此技术，如四驱底盘的中型车凯泽西。

图 7－2－16　全时四驱示意图

六、汽车智能科技

随着科技的发展，汽车市场各车型配置也升级明显，配置人性化程度越来越高。真皮座椅、电动车窗、电动天窗、座椅电动调节、倒车雷达、6 安全气囊、多温区自动空调、定速巡航甚至 ESP 车身稳定控制系统、GPS 导航、氙气大灯、智能感应雨刷等都已经普及。

1. 更多的技术运用与配置

更多高科技、智能化配置登台亮相并应用到更多低价位车型上，比如LED行车灯、LED大灯、自动转向头灯、激光大灯（见图7－2－17）、一键后窗电动遮阳帘、AUTOHOLD自动驻车功能、后排座椅可调、智能无钥匙起动、自动驻车/上坡辅助、自动倒车后视镜折叠、后视镜记忆功能、电动吸合门、电动后备厢、座椅记忆、通风、加热、按摩功能等、360° 倒车视频影像、全景天窗、自适应巡航、G-BOOK人机交互系统、自动倒车入库、并线辅助、主动刹车/主动安全系统、i-Drive、MMI、鸿蒙操作系统、更为智能的语音识别、人工AI智能座舱等。

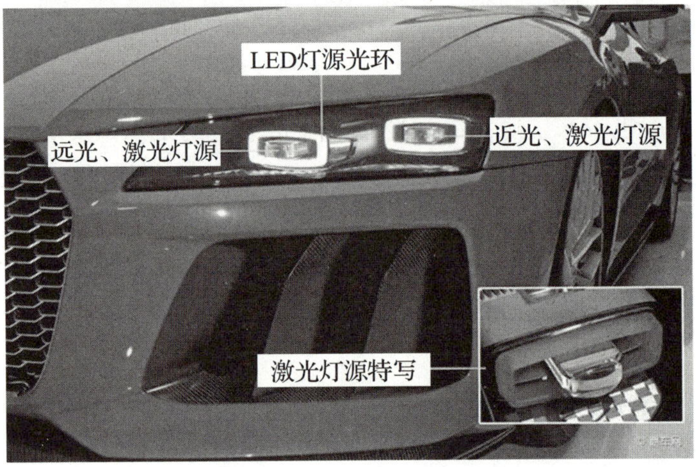

图7－2－17　奥迪激光大灯

2. 自动驾驶技术

无人驾驶的智能汽车将是21世纪汽车技术飞跃发展的重要标志，如华为自动驾驶技术（见图7－2－18）。在智能汽车的目标实现之前，实际上已经出现许多辅助驾驶系统，并广泛应用在汽车上，如智能雨刷，可以自动感应雨水及雨量，自动开启和停止；自动前照灯，在光线不足时可以自动打开；智能空调，通过检测人皮肤的温度来控制空调风量和温度；智能悬架，也称主动悬架，自动根据路面情况来控制悬架行程，减少颠簸；防打瞌睡系统，通过监测驾驶员的眨眼情况来确定是否很疲劳，必要时停车报警……计算机技术的广泛应用，为汽车的智能化提供了广阔的前景。

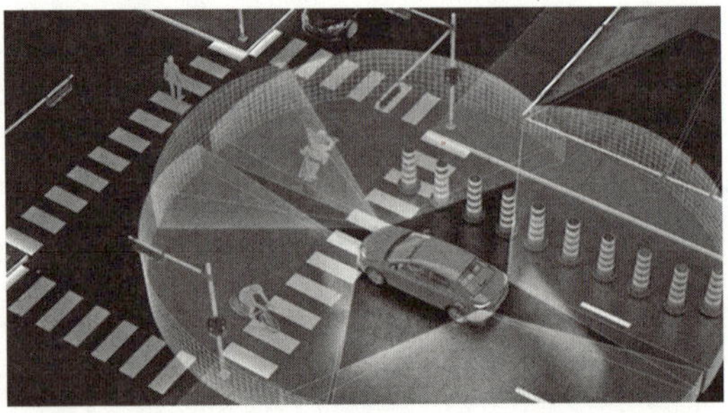

图7－2－18　华为自动驾驶技术

学习任务三

汽车节能

汽车节能是指在汽车正常使用期间，通过一系列方法降低汽车物质资源和能量资源的消耗。汽车节能主要包括发动机节能技术、整车节能技术、汽车使用节能技术。

一、发动机节能技术

发动机节能是汽车节能技术的关键环节，发动机节能技术的核心是提高发动机的燃烧效率，从而提高热效率。主要技术包括：燃油喷射电子控制技术，点火系统电子控制技术，发动机稀燃技术，发动机增压，可变气缸排量技术等。

1. 燃油喷射电子控制技术

电控燃油喷射技术是汽车发动机中最早开发应用的，是最重要的发动机电控系统之一，见图 7－3－1、图 7－3－2。电控燃油喷射系统不仅使喷射装置的机械结构大为简化，还可以利用氧传感器的反馈控制和三元催化转化器使各项排放指标达到最优水平。当前车用汽油机几乎毫无例外地应用了电控燃油喷射技术。

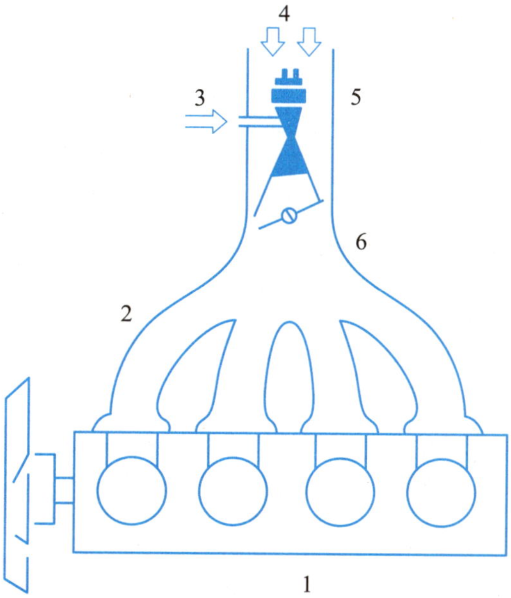

1—发动机；2—进气歧管；3—燃油入口；4—空气入口；5—喷油器；6—节气门

图 7－3－1　汽油机单点电控燃油喷射系统

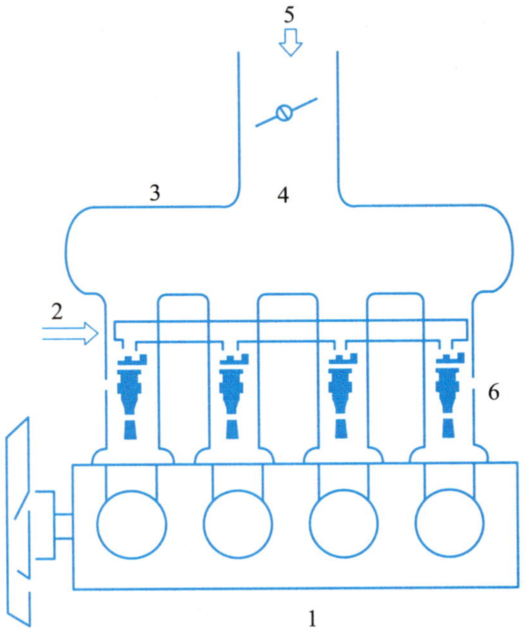

1—发动机；2—燃油入口；3—进气歧管；4—节气门；5—空气入口；6—喷油器

图 7-3-2 汽油机多点电控燃油喷射系统

2. 点火系统电子控制技术

电控汽油喷射系统能发挥很大的作用，是与电控点火系统的组合应用分不开的。点火系统是影响汽油机性能的另一个重要系统。点火系统电子控制技术的发明，使点火系统的性能，如点火提前角控制特性、点火闭合角控制特性、点火能量以及抗爆燃性能等都有了极大的改进和提高。这些优越的性能与电控汽油喷射技术相配合，使得现代汽油机的性能达到了一个新的高度。

3. 发动机稀燃技术

稀燃是稀薄燃烧的简称，指发动机在实际空燃比大于理论空燃比的情况下的燃烧。稀薄燃烧使燃料的燃烧更加完全，从而达到节能的效果，同时，辅以相应的排放控制措施，使汽油机的有害排放物大大降低。

4. 发动机增压

增压是指在内燃机中对新鲜空气进行预压缩的过程。增压后使得单位时间内进入燃烧室的新鲜空气量增多，这意味着可以燃烧更多的燃料，从而可以提高发动机功率。增压是发动机提高功率最有效的方法之一。

目前发动机增压方式主要有机械增压（见图 7-3-3）、单涡轮增压（见图 7-3-4）、气波增压和复合增压等类型。

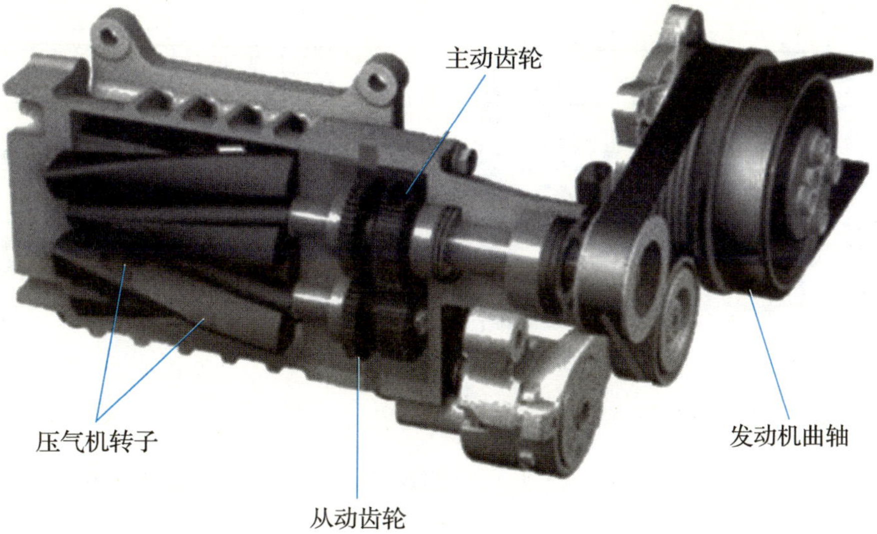

图 7-3-3 机械增压器（罗茨式）

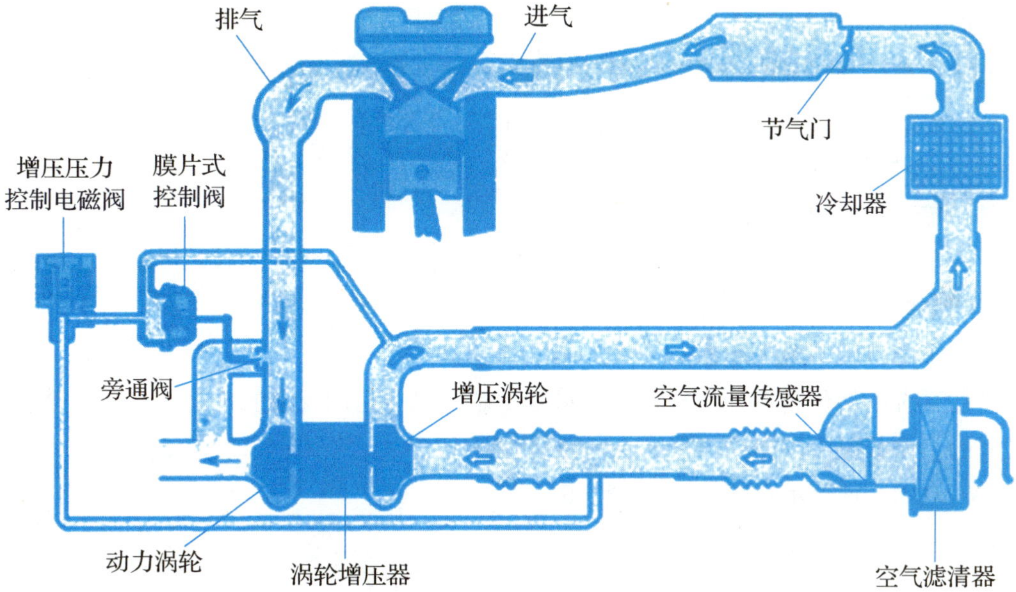

图 7-3-4 单涡轮增压系统

5. 可变气缸排量技术

汽车为了获得良好的动力性，在设计上往往具有较大的功率储备。当车辆在市区或下坡道路上行驶时，一般只需要最大功率的 20% ～ 40%，此时发动机的燃油经济性较差，同时废气排放中的有害成分含量较高。为了降低发动机燃油消耗率和减少排气污染，可以采用可变气缸排量技术，即在中低负荷情况下，使部分气缸停止工作，从而改善车辆的经济性和排放性能；当需要大功率时，则让全部气缸工作，又不影响发动机的动力性。目前，所采用的可变气缸排量技术都是在部分负荷情况下，部分进气门不开启来实现闭缸节油的。见图 7-3-5。

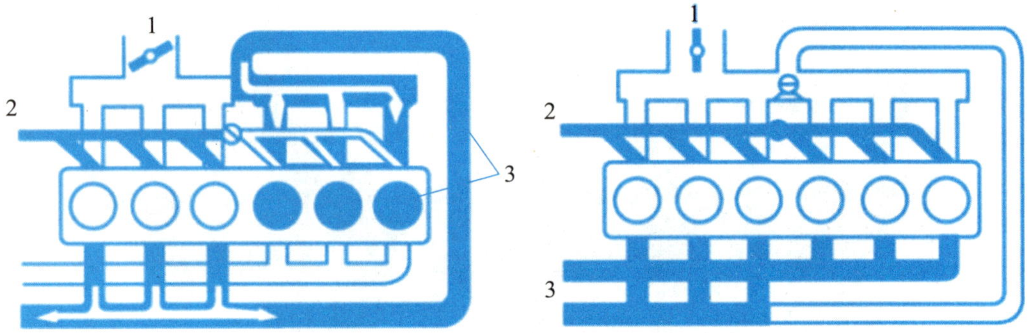

图 7-3-5　分缸断油技术

6. 其他发动机节能技术

如可变压缩比技术、中冷技术、分缸断油技术、发动机自动启停技术、空调压缩机电子控制、冷却风扇电子控制等。

二、整车节能技术

影响汽车燃油经济性的因素除汽车发动机性能之外，还包括汽车行驶阻力、汽车传动系统、汽车结构因素、汽车总质量等诸多方面。

1. 改进传动系统

（1）传动系统的最优匹配与参数优化。

在汽车设计过程中，当发动机性能和汽车的常用行驶工况确定后，传动系统与发动机的匹配和参数选择是否恰当直接影响汽车的动力性、燃料经济性等。

（2）采用机械多挡变速器。

传动系统的挡位越多，汽车在运行过程中越有可能选用合适的传动比，使发动机处于最经济的工作状况，以提高汽车的燃油经济性。

8AT 自动变速箱示意图见图 7-3-6。

图 7-3-6　8AT 自动变速箱

（3）采用无级变速器。

无级变速器，即 CVT，是理想的传动系统。采用 CVT 使得驾驶方便，传动系统与发动机得到最优匹配。金属带式无级变速器的结构见图 7－3－7。

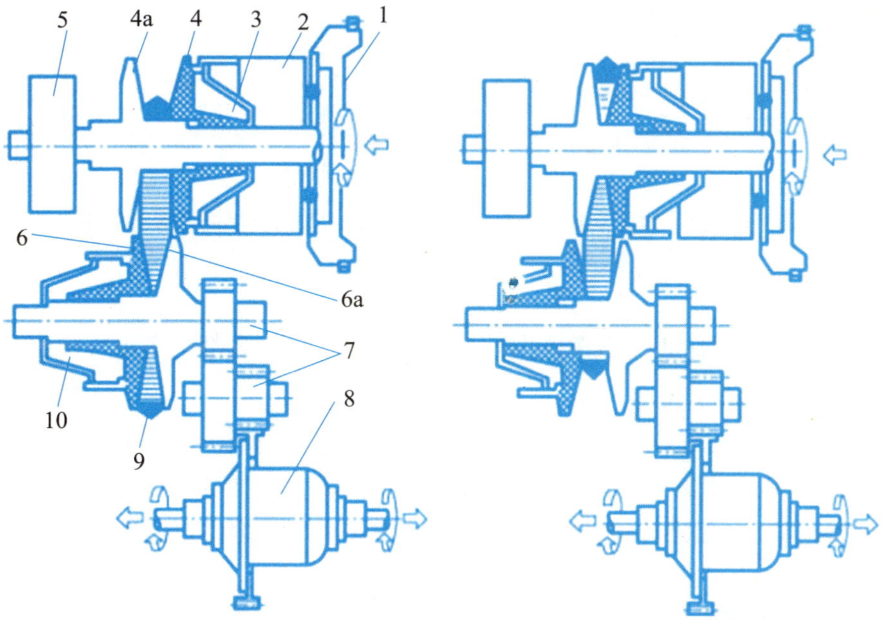

1—发动机飞轮；2—离合器；3—主动工作轮液压控制缸；4—主动工作轮可动部分；4a—主动工作轮固定部分；5—液压泵；6—从动工作轮可动部分；6a—从动工作轮固定部分；7—中间减速器；8—主减速器与差速器；9—金属带；10—从动轮液压控制缸

图 7－3－7　金属带式无级变速器的结构

2. 减小汽车行驶阻力

（1）减小汽车的滚动阻力。

汽车的滚动阻力与路面状况、行驶车速、轮胎结构以及传动系统、润滑油料等都有关系。不同路面的滚动阻力系数见表 7－3－1。

表 7－3－1　不同路面的滚动阻力系数

路面类型	滚动阻力系数	路面类型	滚动阻力系数
良好的沥青或混凝土路面	0.010 ～ 0.018	雨后的压紧土路	0.050 ～ 0.150
一般的沥青或混凝土路面	0.018 ～ 0.020	泥泞土路（雨季或解冻期）	0.100 ～ 0.250
碎石路面	0.020 ～ 0.025	干砂	0.100 ～ 0.300
良好的卵石路面	0.025 ～ 0.030	湿砂	0.060 ～ 0.15
坑洼的卵石路面	0.035 ～ 0.050	结冰路面	0.015 ～ 0.030
干燥的压紧土路	0.025 ～ 0.035	压紧的雪道	0.030 ～ 0.050

（2）减小汽车的空气阻力。

空气阻力与汽车车身结构密切相关，减小空气阻力，就可降低发动机消耗的功率，从而降低汽车的耗油量。图 7－3－8 显示的是大客车车头不同设计所产生的空气阻力系数。

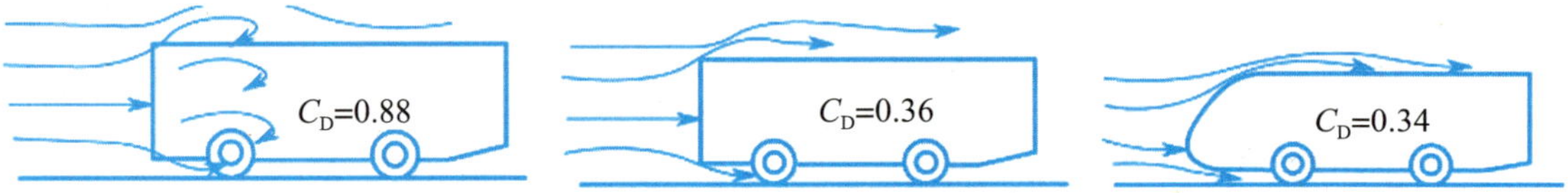

（a）原车型　（b）车头边角倒圆　（c）整个车头流线型化

图 7－3－8　大客车车头边角倒圆和流线型化对空气阻力系数的影响

3. 减轻汽车整备质量

汽车消耗功率主要用来克服车辆惯性与滚动阻力，这两者都与车重直接相关，燃油经济性随车重的降低而改善。

减轻汽车整备质量主要方法有汽车结构的优化设计，如轿车采用前轮驱动，使传动系统的结构简化，整车质量大大下降。汽车制造工艺的优化，如内高压成形工艺的开发与应用。轻质材料的应用，采用轻质材料是目前减小汽车总质量的主要途径。

三、汽车使用节能技术

1. 汽车的驾驶与节能

相同车型，在相同使用条件下，驾驶员不同，汽车燃油消耗量有时相差较大。在市区道路环境下，良好的驾驶习惯和正确的驾驶方法相对于不良的驾驶技术和方法，汽车油耗的差异可达 30% ～ 50%，所以，提高驾驶员操纵技术是重要的节能措施。

（1）汽车起步加速与节油。

汽车起步一般要用低速挡，小型汽车因为其发动机转速较高，一般采用一挡起步。而大型汽车因为变速器挡位较多，一般是用二挡起步，能达到节油的目的。表 7－3－2 是东风 EQ1090 型载货汽车平路起步加速初始挡位选择对油耗的影响。

表 7－3－2　平路起步加速初始挡位选择对油耗的影响

项目	油耗差 /mL	距离 /m	时间 /s	项目	油耗差 /mL	距离差 /m	时间差 /s
一挡起步	120	272.4	41.2	一挡起步	—	—	—
二挡起步	110	258.7	38.1	二挡起步	10	13.7	3.1

（2）汽车挡位的合理选择与节油。

变速器是用来改变汽车行驶速度的。如果发动机的转速不变，不同的挡位，车速不同。当汽车在行驶中挡位一定时，车速与发动机的转速成正比。表 7－3－3 是 BJ2022 在不同挡位下百千米油耗对比。

表 7-3-3　BJ2022 在不同挡位下百千米油耗对比表

车辆（km/h）	挡位	发动机转速 /（r/min）	百千米油耗 /kg
36	1	3812	15.6
	2	2168	11.8
	3	1223	10.5

（3）汽车车速选择。

汽车在行驶中，车速不同，油耗也不一样，其中，耗油最低的车速称为经济车速。一般重型汽车的经济车速为 25 ～ 30km/h；轻型汽车的经济车速为 35 ～ 40km/h。表 7-3-4 是东风 EQ1090 汽车的经济车速及其对应的燃油消耗量。

表 7-3-4　东风 EQ1090 汽车的经济车速及其对应的燃油消耗量

挡位	一	二	三	四	五
经济车速 /（km/h）	6.5	12	20	25	50
经济车速范围 /（km/h）	4 ～ 7	10 ～ 14	15 ～ 23	20 ～ 33	40 ～ 60
耗油量 /（L/100km）	—	59.4	36.2	25.7	20.56

2. 汽车运行材料的合理使用

汽车运行材料是指在车辆运行过程中，使用周期短，消耗费用较大，对车辆使用性能有较大影响的一些非金属材料。按其在汽车运行的作用和消耗方式不同可分为车用燃油、车用润滑油料、车用工作液、汽车轮胎四大类。针对不同车型，正确使用各种运行材料，才能达到最好的节能效果。

3. 汽车合理维护

汽车合理维护主要包括汽车定期保养和出现故障后的及时维修，这可以有效提高车辆的效率，降低油耗及其零件和轮胎的消耗。同时，还能避免行车途中突然发生问题，从而保证人身安全。

学习任务四

汽车污染

随着社会经济的不断发展，人们的生活水平得到了较大的提升，近些年来，汽车的数量逐年递增，为人们的出行提供了便利。但与此同时，它所带来的负面影响却是不容忽视的，最主要的就是汽车污染。

一、汽车尾气排放污染

汽车尾气是燃油在发动机气缸内燃烧做功后从排气管放出的废气。根据有关分析，汽车废气中的气体成分约有1000种，其中，对人体健康危害最大的有一氧化碳、碳氢化合物和氮氧化物等，这些有害物质不断造成人们的呼吸道疾病、生理机能障碍及鼻黏膜组织病变。同时，其中所含的多种致癌物质进入人体会产生持续刺激，可能引发癌症。汽车尾气主要成分有以下几种：

1. 一氧化碳

对于内燃机发动机来说，一氧化碳是因为空气不足或其他原因造成不完全燃烧时产生的。一氧化碳是无色无味的气体，吸入人体后，易与血液中的红蛋白结合，使血液丧失输氧能力，致使人体缺氧，引起头痛、头晕、呕吐等中毒症状，严重时会造成死亡。

2. 氮氧化物

氮氧化物是被高温燃气氧化成的 NO、NO_2 等氮氧化物的总称。氮氧化物进入肺后，形成亚硝酸和硝酸，对肺组织产生很强的刺激作用，引起肺炎、肺水肿，吸入高浓度的氮氧化物后甚至能引起中枢神经的瘫痪。

3. 碳氢化合物

碳氢化合物对城市空气环境的危害性非常明显。碳氢化合物具有较为强烈的刺激性，会在一定程度上刺激人体的眼睛等器官，对人体的肺功能也会产生不利作用，危害人的身体健康。此外，受到太阳紫外线的作用，碳氢化合物与氮氧化合物发生化学反应，会产生一种浅蓝色的烟雾。一定浓度的烟雾会降低城市空气的能见度，影响城市人们的正常出行，甚至会导致各种交通事故的发生。

4. 颗粒物

由于汽油、柴油燃烧不充分，排放出的尾气中含有大量细微颗粒物。颗粒物与空气中大量有机物以及致癌物质黏附在一起，这些物质容易刺激人的眼睛和喉咙，易导致咳嗽、哮喘等疾病的发生，严重的可能会损伤人体的肺器官。

5. 铅化物

城市空气中90%以上的铅来自汽车尾气排放。铅化物具有较小的体积，在空气中长时间飘浮。当空气中的铅被人体吸收后，人体的一些生理机能会受到损害。例如，人体会出现头痛、失眠以及记忆力下降等不良的生理反应。如果人体内铅的含量达到一定标准，会发生较为严重的铅中毒症状，甚至会导致癌细胞的产生，会增大人类患癌的概率。

二、燃油挥发污染

燃油还可以通过挥发作用，使碳氢化合物散发到空气中造成污染。目前，新型号的汽车都安装了有效的尾气排放控制装置，汽油的构成也有了很大改进，汽油的挥发性损失就成了碳氢化合物污染的主要来源，特别是在天气炎热的条件下，挥发量更大。

挥发污染的途径有：日晒，白天气温高，油箱热，汽油的挥发损失比较多。行车损失：汽车行驶过程中，发动机和排气系统都是热的，造成汽油的挥发损失。停车损失：停车后发动机在一段时间内仍然是热的，汽油仍会继续挥发。加油：燃油箱中总是有汽油蒸汽，加油时这些蒸汽就会跑出来，进入大气。

三、噪声污染

道路交通噪声是城市环境噪声的主要组成部分，占到城市噪声的75%左右。交通噪声主要来自运行的机动车辆，其中以汽车噪声的影响最大。汽车噪声主要来自汽车排气噪声、发动机噪声、轮胎噪声和喇叭噪声，此外还有车体振动和传动系统噪声等。高于80dB的噪声会使人心情不安、烦躁、疲倦，到了110dB以上，噪声就会对人体产生各种损害。

四、车内空气污染

新车内装饰材料中含有的有毒气体主要包括苯、甲醛、丙酮等有害物质，易使人出现头痛、乏力等症状。专家认为，内部装饰豪华的轿车更容易产生污染，其内部装饰选用真皮、桃木，电镀、金属，油漆等材料，如果处理不当，会产生更多的有害物质。见图7-4-3。

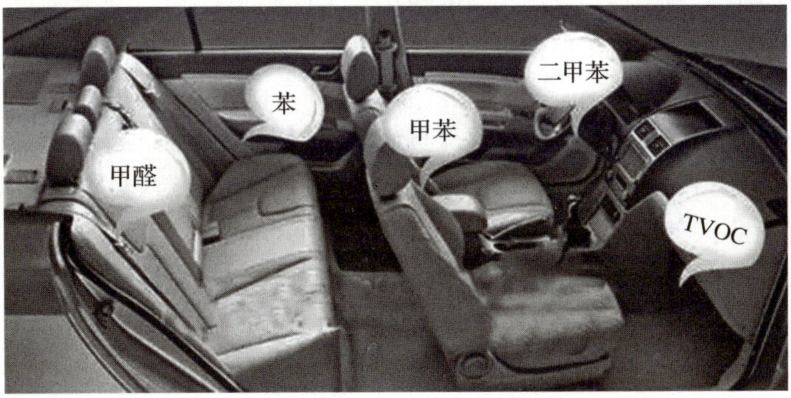

图7-4-3 车内空气污染源

汽车发动机产生的尾气，有可能进入车厢内，使车厢内的空气质量下降；久未清洗的车用空调系统会有大量的灰尘、细菌，会通过出风口进入车内狭小的空间里。

人体自身的污染。汽车内空间较小，人体的汗液、皮屑、脱落的毛发残留在汽车里，有些人还喜欢在车内吸烟，吃味道大的食物，这些物质容易刺激人的鼻子，易导致鼻炎、哮喘等疾病的发生。

五、废弃物污染

汽车垃圾，如废轮胎、玻璃、塑料、废蓄电池、废润滑油等特殊的垃圾会污染地面，甚至污染附近水源，给环境造成严重污染。由于部分汽车修理厂或汽车维护店没有标准的汽车垃圾处理流程，对汽车维修或保养后产生的废弃物直接丢弃或者排放到下水道，这会对周围的环境造成极大的破坏。

学习任务五

未来汽车

在节能减排和环境保护的要求下，未来汽车的整备质量会越来越轻，新能源汽车会得到大力推广；在消费者需求多样化、个性化的市场环境中，从汽车内饰到各种功能，未来汽车将更趋向于智能化，汽车的驾驶环境将会更舒适。

一、轻量化

汽车的轻量化，就是在确保汽车强度和安全性能的前提下，节能化地设计各总成零部件，持续优化车型，降低汽车的整备质量，从而提高汽车的动力性，减少燃料消耗，降低排放污染。

汽车消耗功率主要用来克服车辆惯性与滚动阻力，这两者都与车重直接相关。实验证明，若汽车整车重量降低 1%，油耗可降低 0.7%。由于环保和节能的需要，因此汽车的轻量化已经成为世界汽车发展的趋势。

汽车轻量化的主要方法就是采用轻量化材料替代传统材料以及在设计上进行轻量化的优化设计。

二、电动化

汽车只要一起动，就要消耗燃油。燃油燃烧不可避免会产生废气污染。目前，大气污染是全球关注的焦点问题。而新能源汽车可以大大减少汽车尾气排放。随着国家对汽车尾气排放管理越加严格，汽车厂商必须研发新的能源作为汽车的动力源，例如混合动力、燃料电池、太阳能等。汽车的动力源也逐步由发动机向电池组方向转变，在这个过程中，汽车上的各种配套设施也趋于电动化。

近些年来，随着汽车科技的发展以及在能源短缺的大环境下，混合动力汽车和纯电动汽车在市场上的占有量越来越高。混合动力技术及纯电动技术的使用，是现阶段解决能源问题的有效措施，符合社会节能环保的发展趋势，见图 7－5－1、图 7－5－2。未来，可能还会出现各种新能源汽车，汽车上的各种功能也会越加完善。

图 7－5－1　特斯拉纯电动汽车

图 7－5－2　比亚迪混合动力汽车

三、智能化

近年来，随着电子计算机及互联网技术的快速发展，汽车智能化控制技术、控制系统不断地涌现，这些新技术在动力控制、制动控制及信息娱乐系统上的应用，进一步改变了汽车的面貌，使汽车朝着越来越人性化的方向发展。

比如智能网联汽车（见图 7－5－3），逐渐受到公众和社会的高度重视，是汽车的发展趋势，具有关联领域多、技术方案多以及功能涵盖多等特点，其关联不同的整车系统，强调车联网技术的应用与融合。

图 7-5-3 车联网

车联网系统是采用车载专用中央处理器，基于车身总线系统和互联网服务，形成的车载综合信息处理系统。它能够实现包括三维导航、实时路况、IPTV、辅助驾驶、故障检测、车辆信息、车身控制、移动办公、无线通信、基于在线的娱乐功能及远程服务等一系列应用。

随着汽车智能化技术的进一步发展，未来可能会出现真正的无人驾驶汽车。汽车通过车载传感系统感知道路环境，自动规划行车路线并控制车辆到达预定目标。

四、舒适性

随着生活水平的提高，人们对汽车性能除在经济性、动力性、安全性有要求之外，对车辆的舒适性的要求也越来越高。舒适的驾驶环境渐渐成为现代汽车的重要标志。

总体上讲，今天的汽车空间设计的划分、布置和利用方面已经日趋合理，汽车内部减震、隔热、吸音、隔音、娱乐和信息交流等功能已经能满足大部分人的要求。见图 7-5-4。

图 7-5-4 汽车内饰

未来汽车可能会在以下方面继续完善。在功能性方面，操控功能将更加智能化，车联网的作用越来越大；座椅能按照人体骨骼的特点，根据不同体型、身高，调整到最舒适的位置，并最大限度地确保驾驶员的安全；照明功能可以根据不同用途的需要，调节及营造某些特殊的艺术效果的氛围等。见图 7-5-5。

图 7-5-5　未来汽车的内部空间

重点回顾

1. 汽车技术的发展。
2. 汽车节能与环境。
3. 未来汽车的发展。

学后测评

1. 现代汽车有哪些技术?
2. 简述汽车未来的发展。

学生反思

1. 如何使汽车更环保?
2. 未来的汽车会有什么新技术?

参考文献

[1] 凌永成，李雪飞．现代汽车与汽车文化［M］．2版．北京：清华大学出版社，2010．

[2] 李卓森．现代汽车造型［M］．北京：人民交通出版社，2005．

[3] 林文立．浅析汽车美容装饰现状与发展［J］．大众汽车，2014（1）：51．

[4] 王永茂．中国后汽车市场的发展现状与趋势［J］．青岛职业技术学院学报，200（4）：31．

[5] 杨福华，张剑云，路兴勇．汽车文化［M］．天津：天津科学技术出版社，2020．

[6] 王娜娜，俞德斌，朱玲．汽车认知［M］．上海：同济大学出版社，2018．

[7] 李瑾来，任丽．汽车文化［M］．北京：北京交通大学出版社，2013．

[8] 凌永成，杜宏．汽车文化［M］．北京：中国人民大学出版社，2011．

[9] 陈世全．燃料电池电动汽车［M］．北京：清华大学出版社，2005．